너를 만나 행복해

# 너를 만나
# 행복해

임선경 글·그림

규장

프롤로그




"너를 만나 행복해!"

당신에게 말씀하시는 하나님의 고백입니다.
그리고 제게 보여주셨던 그분의 마음이기도 하지요.

어릴 때 '하나님을 위해 어떤 일을 하면 좋을까요?'라고
기도를 드린 적이 있습니다.

하나님은 제게 다시 물으셨습니다.
'너는 무엇을 하고 싶니? 난 네가 기뻐하는 일을 하면 좋겠다.
네가 행복하기를 바란단다.'

제가 행복하길 원하시는 하나님이 절 만나주셔서 행복했습니다.

일꾼으로 부르신 게 아니라 아버지와 친구로 만나주셨으니까요.

단발머리 여학생 시절, 하나님이 제게 주신 달란트를
하나님나라의 문화를 위해 드리고 싶다고 기도했어요.

하지만 제가 좋아하는 그림을 그리는 일은 처음부터 쉽지 않았어요.
미대 입시 준비는 가난한 부모님께 큰 짐이었습니다.
그러나 어머니의 헌신과 미술 학원 원장님의 배려로 준비할 수
있었지요.

당시 성적도 좋았고 실기시험도 잘 치러서 자신만만했는데
뜻밖에 불합격 통지를 받았습니다.
어렵게 재수하며 최선을 다해 준비하고도 실기를 망쳐서
기대가 완전히 사라졌을 때 합격 소식을 들었지요.

인생의 중요한 출발점에서
삶이 제 실력의 결과로만 결정되는 게 아님을 알았습니다.
저를 통해 친히 일하시는 하나님이 계심을 깨닫게 되었지요.

그림을 통해 유명한 작가가 되어 하나님께 영광을 돌리고 싶다는
제 기도에 하나님은 이렇게 응답하셨습니다.

'예수의 친구가 고아와 과부 그리고 세리와 죄인이었듯이
네 그림의 친구도 가난하고 소외되고 상처받은 자들이면 좋겠구나.'

그리고 제 그림이 '하나님의 마음을 전하는 통로'가
될 거라고도 하셨습니다.

이후 경제적으로 어려워서 엄두도 낼 수 없던 그림 전시를
개인전을 하는 한 선배가 갤러리에 작은 공간을 허락해주어
하게 되었어요. 작품은 작은 엽서 크기의 그림 일곱 점이
전부였습니다.

그런데 그 그림을 본 한 갤러리 대표의 제안이
초대전으로 이어지고, 그림과 아트상품까지 판매하게 되었습니다.

저는 그림으로 사람들의 마음과 만나기 시작했지요.
제 그림을 통해 그들에게 치유와 희망과 사랑의 메시지를
전하시겠다는 하나님의 약속이 생각났습니다.
그분은 때를 따라 돕는 손길도 보내주셨지요.

하나님이 주시는 위로와 기쁨을 담아
"너를 만나 행복해"라는 주제로 전시, 그림책, 이모티콘 등
여러 영역에서 작업하고 있습니다.

삶의 거친 풍파와 암 수술과 합병증으로 육신은 약해져도
하나님이 부어주시는 마음으로 인해 오히려 지치지 않습니다.
간절함과 진정성이 더해져 작업에 대한 열정이 이전보다 더
반짝이지요.

한 기독교 라디오방송에서
〈임선경 작가의 너를 만나 행복해〉라는 코너를 진행했습니다.
하나님이 만나게 하신 사람과 자연
그리고 소소한 물건을 통해 그분의 마음을 배우며
"너를 만나 행복해"라고 고백했던 순간을 나누었지요.
그 내용이 모여 한 권의 책이 되었습니다.

제 부족함과 연약함에도 불구하고,
마음에 주신 소원을 친히 이루어가시는
하나님의 위로와 응원이 이 책을 통해
당신에게도 동일하게 전해지기를 꿈꾸어봅니다.

그리고 당신의 마음에도 따스한 하나님의 음성이
매일 매 순간 들려지기를 기도합니다.

"너를 만나 행복해!"

그가 너로 말미암아 기쁨을 이기지 못하시며
너를 잠잠히 사랑하시며 너로 말미암아
즐거이 부르며 기뻐하시리라 하리라
습 3:17

무릎이 임선경

# 차례

## ⓵부　꿈꾸며 행복해。

3부 함께해서 행복해.

# 꿈꾸며 행복해

1부

내게 주는
선물

저는 어려서부터 '착하다'는 말을 많이 듣고 자랐습니다.
그래서 착한 딸, 배려하는 누나, 희생하는 엄마이자 아내,
헌신하는 집사의 모습으로 살아내려 했지요.

그렇게 45년을 살다가 암 선고를 받고 그제야 비로소 제 삶을
돌아보게 되었어요. 어디선가 들었던 "사람은 삶의 길이로
말하지 않는다"라는 말이 떠올랐어요. 그동안 열심히는 살았지만,
저를 설명해줄 한 줄의 문장이 떠오르지 않았습니다.

누군가의 칭찬 앞에 제가 원하는 것보다 그들에게 맞추느라
균형 없이 달려왔다는 걸 알게 되었어요. 제 서원과 꿈을

위해서 나에게 해준 게 하나도 없었습니다.

죽음과 같은 암 선고를 듣고 바늘 한 개도 담기 어려울 만큼 좁아진 마음에 "내가 죽지 않고 살아서 여호와께서 하시는 일을 선포하리로다"(시 118:17)라는  말씀이 떠올랐습니다.

광야에 길을, 사막에 강을 내시는 하나님의 약속을 꼭 붙잡고 여러 번의 수술을 견뎠습니다. 고통이 큰 만큼 감사와 감격도 크게 다가왔지요.

몸이 조금 회복되자 마음에 꾹꾹 눌러두었던 제 꿈을 향해 한 걸음씩 나아갔습니다. 먼저 그림에 집중하기 위해 작은 작업실을 구해 아침부터 늦은 밤까지 혼자 작업했습니다.

경제적인 이유로 20년간 미뤄두었던 박사과정에도 지원했지요. 사람들은 "늦은 나이에 무슨 공부냐?", "학비가 비쌀 텐데…"라며 염려했지만, 전 이렇게 대답했어요.

"지금이 제 인생에서 가장 젊을 때고요, 학비는 학교에 내는 게 아니라 꿈을 이루기 위해 제게 주는 선물이에요."

시간의 흐름 속에 그 열매들이 자라는 걸 봅니다. 모두 마음에 숨겨둔 소원이 있을 테지요. 저처럼 상황 때문에 미뤄둔 꿈도 있겠지요. 그 꿈을 위해 자신에게 선물해보는 건 어떨까요?

"사람의 일의 작정은 여호와께로 말미암느니라"(잠 29:26)라는 말씀처럼 마음속 소원에 한 걸음 더 가까이 다가갈 수 있기를 기도합니다.

구겨진 삶을 펴주는
격려 한마디

혹 거실에 예쁜 액자가 있나요? 우리 집 거실에는 제가 아끼는
액자들이 있습니다. 그중 하나에 두 아들이 어렸을 때 만들어준
쿠폰이 들어있어요. 거기엔 꼬물거리는 손글씨가 쓰여있지요.

늘 활기 넘치는 큰아들은 "초인 안마 10분", "따스한
커피 두 잔 타줌" 쿠폰을, 예스 보이인 작은아들은
"내가 뽀뽀해줄게요", "사랑해요" 쿠폰을 선물로 주었어요.

20년간 저는 이 쿠폰을 쓰지 않고 간직하고만 있답니다.
엄마를 생각해주는 아이들의 사랑과 존재만으로도 매일
큰 기쁨을 누리며 살기 때문입니다.

또 제가 아끼는 액자가 두 개 더 있어요. 왼쪽 액자에는
어린아이의 연필그림이 들어있습니다. 그림이라기보다는
동그란 얼굴과 두 눈, 작대기 모양의 코와 입이 전부인
삐뚤빼뚤한 낙서에 가깝지요. 바로 제가 세 살 때 그린
그림이랍니다.

그 옆 액자에는 제 할아버지의 손편지가 담겨있어요.
누렇게 변한 편지지에는 이런 글이 쓰여있지요.

"나의 귀여운 손녀 선경아!
두 살 때부터 네가 자라는 모습이 귀여워 할아버지와 할머니는 네
키를 재곤 했단다. 할아버지는 네 그림이 너무나 귀엽고 신기해서
하룻밤(1970년 10월 11일 9시 40분)에 그린 것을 간직했단다.
참 훌륭한 그림이다. 할아버지가 적적할 때 네 그림을 보면 마음이
좋단다. 아빠 엄마 말씀 잘 듣고 공부도 잘해서 나의 귀여운 손녀
선경이가 훌륭한 사람이 되길 할아버지는 바란다. 1974년 2월 16일."

세 살 꼬마의 어설픈 낙서를 훌륭한 그림이라고 좋아하셨던
할아버지의 격려 덕분에 저는 '내 그림이 누군가에게 기쁨과
위로가 되면 좋겠다'라는 마음을 갖게 되었어요.

또 이 편지는 저를 향한 하나님의 부르심을 깨닫는 계기가
되었습니다. 낙서를 보고 기뻐하신 할아버지의 사랑 덕분에
낙서처럼 구겨진 제 삶까지도 사랑하시는 하나님 아버지의
마음을 이해하게 되었지요.

제게는 "너로 말미암아 기쁨을 이기지 못하시며 너를 잠잠히
사랑하시며 너로 말미암아 즐거이 부르며 기뻐하시리라
하리라"(습 3:17)라는 말씀이 할아버지의 편지처럼 따뜻하게
다가왔습니다.

하나님의 사랑은 두 아들이 만들어준 쿠폰 이상의 확실한
약속이 되었습니다. 어설픈 내 그림을 귀히 여겨주신
할아버지의 사랑처럼 하나님의 사랑이 저를 소중한 사람으로
만들어주었어요. 그래서 저도 그림을 통해 사람들에게
이렇게 말합니다.

"하나님은 당신을 정말 사랑하세요. 당신은 소중한 존재랍니다."

사랑의
청지기

고1 무렵, 제가 그림을 전공하겠다고 했을 때 아빠는 한숨 쉬며
"사람은 분수를 알아야 해. 개천에서 용 나는 게 쉬운 일이
아니야"라고 하셨어요. 친척들도 제게 가난한 부모 고생시킨다며
철이 없다고 했습니다.

"미대에 가고 싶으니 도와주세요"라고 부탁하지 않고,
지원해주기 어려우면 스스로 학비를 벌어서라도 다니겠다고
또박또박 제 할 말 다 하는 딸을 보며 아빠는 어떤
마음이었을까요? 그래도 아빠는 제가 원하는 대학에 꼭
가겠다며 재수할 때도 고집이 있어야 뭘 해도 한다며
엄마를 설득하며 저를 응원해주셨지요.

실기시험을 보는 날이었습니다. 4시간씩 두 번 시험을 치러야
했기에 그림 도구들을 잔뜩 챙겨서 집을 나서는데 아빠가
조그마한 자줏빛 주머니를 내미셨어요.

"춥다. 손 녹여라."

그 안에는 따스하게 달군 손난로가 있었어요. 유난히
겨울바람이 더 차가웠던 그날, 손난로로 꽁꽁 언 손과 마음을
녹이며 꿈을 향해 첫걸음을 내디뎠습니다.

30여 년의 시간이 흐른 뒤, 하얀 국화를 들고 아빠의 무덤 앞에
앉아 나지막이 말했습니다.

"아빠, 제 책이 또 한 권 나왔어요. 글을 쓰고 싶어 하셨던
아빠의 꿈이 저를 통해 펼쳐지나 봐요."

재정은 어렵고 입시에 능통한 어떤 것도 없었지만, 저를
믿어주는 부모님의 응원과 기도가 있었기에 꿈을 펼칠 수
있었습니다. 지금 제 아들들도 학원 한 번 가지 않고 스스로
도전하고 때로는 좌절하면서 꿈을 향해 달려갑니다.

"아빠, 제 책이 또 한 권 나왔어요.
글을 쓰고 싶어 하셨던 아빠의 꿈이
저를 통해 펼쳐지나 봐요."

종교개혁자이자 감리교 창시자인 세계적 신학자 존 웨슬리는
자신을 만들어낸 사람이 바로 '어머니'였다고 고백했어요.
부모는 감시자나 모든 걸 대신 해주는 사람이 아니라
자녀들이 꿈을 위해 스스로 뛸 수 있게 돕는 청지기입니다.
낙담하지 않게 격려하고 칭찬하며 사랑의 멘토 역할도 해야
하고요.

자녀를 신앙인으로 바르게 키우는 건 힘들고 수고로운
일이지만, 그보다 훨씬 큰 기쁨을 맛볼 수 있습니다.
부모가 된다는 건 하나님이 주신 큰 선물이니까요.

아비들아 너희 자녀를 노엽게 하지 말지니 낙심할까 함이라
골 3:21

미리
축하합니다

재수한 후 미술대학에 합격했을 때 가족뿐 아니라 주변 모든
사람이 축하해주었어요. 그런데 정작 저를 지도했던 선생님은
아무 말씀이 없었습니다.

제가 가정 형편이 넉넉하지 않아 학원에서 장학생으로
실기시험을 준비할 때도 늘 위로해주시던 분이었는데
말입니다. 의아해서 선생님께 여쭈었습니다.

"다른 사람들은 다 축하해주는데 왜 선생님은 안 해주세요?"

"하나님께 네 달란트를 올려드렸다는 서원 기도 이야기를

들었을 때 난 이미 너를 축하했단다. 네 마음을 그분 앞에
결정했을 때 말이야. 지금의 결과 앞에서는 네가 무엇을
하느냐보다는 하나님 앞에서 어떤 사람이 되는지에 더 관심이
있단다."

그래서 저도 누군가가 뜻을 정하면 결과와 상관없이 미리
축하해주는 습관이 생겼어요. 뜻을 정하고 포기하지 않는 한
마음에 주신 서원을 하나님께서 친히 이루실 걸 알게
되었으니까요.

며칠 후 집으로 우편물이 도착했습니다. 잔잔한 호숫가에
떠 있는 나무배 한 척이 그려진 엽서였어요. 앞으로 나아오는
배 아래에는 선생님의 글씨체로 이렇게 쓰여있었습니다.

"너와 친히 함께 가리라."

마치 주님의 음성처럼 들리는 글귀를 보며 기도했습니다.

"우리 삶의 결과도 중요하지만, 하나님 앞에 바른 사람이 되며
올곧은 삶이 우선되는 복된 인생이 되게 해주세요."

# 하나님께서
# 이루어주신 꿈

가정 형편이 어려웠지만, 제 어머니의 헌신 덕분에 미대 입시를 준비할 수 있었습니다. 좋은 성적과 뛰어난 실기 점수로 합격을 자신했건만 결과는 불합격이었어요.

재수하며 실기시험을 봤는데 잘 보지 못해 절망했지요. 그런데 뜻밖에 합격 통지서를 받았습니다. 그때 저는 알았습니다. 하나님께서는 제가 완벽하게 했다고 생각할 때보다 제힘으로 할 수 없다고 여길 때 그분의 일을 친히 이루어가신다는 걸요.

어린 아들 둘을 키우느라 강의와 그림 활동을 쉴 때도

제 마음의 소원을 기도로 올려드렸습니다. 하지만 기도를
마치고 눈을 뜨면 막막한 현실 앞에 '과연 그런 일이
가능할까?' 의심하곤 했지요.

그러던 어느 날, 대학 선배가 그림 전시를 같이하자며 갤러리
공간의 일부를 내주었어요. 그 계기로 초대 개인전을 열게
되었고, 작가의 길도 열렸습니다.

당시 하나님은 제 그림을 통해 온 세상의 깨어진 곳에 사랑과
위로를 전하시겠다는 마음을 주셨습니다. 하지만 저는
사라처럼 웃었어요. 제게는 그런 상황을 만들 재력과 능력이
없었으니까요.

그런데 신기하게도 인사동에서 한 전시를 계기로 아트 상품
판매가 연결되면서 외국인들에게까지 제 그림이 소개되기
시작했습니다. 또 일본 전시를 준비하던 후배에게 갑자기 일이
생겨 제가 대신 그 기회를 얻기도 했지요.

하나님께서 제힘으로는 도저히 할 수 없는 걸
이루어주셨습니다. 각자의 마음에 주신 소원을 포기하지

않으면, 우리가 상상하지 못하는 방법으로 하나님이
이루어주십니다.

"또 여호와를 기뻐하라 그가 네 마음의 소원을 네게 이루어
주시리로다"(시 37:4)라는 말씀을 늘 제 마음에 품고 삽니다.

당신의 삶의 퍼즐 조각들도 아름다운 하나의 그림으로
만들어질 거예요. 그런 하나님의 능력을 경험하기 바랍니다.

각자의 마음에 주신 소원을 포기하지 않으면,
우리가 상상하지 못하는 방법으로
하나님이 이루어주십니다.

# 잉크를 고스란히
# 받아들이는 종이처럼

저는 마음에 드는 드로잉 북을 찾으면 너무나 기쁩니다.
줄 하나 없고 점 하나 찍히지 않은 스케치북이나 무선 노트를
좋아해요. 예쁜 그림이나 많은 요소가 그려진 노트에는 손이
가지 않습니다.

담긴 그림들이 이미 너무 많은 걸 말하고 있어 그 위에 그려질
제 이야기 소리가 작아지기 때문이에요. 제 이야기만을
고스란히 담아서 보여줄 수 있는 깔끔한 종이를 좋아합니다.

한편 매끄러운 종이는 연필이 미끄러지고 펜 잉크가 잘
스며들지 않아요. 그래서 글씨가 마르는 데 시간이 필요하고

잘 번져서 좋아하지 않습니다.
또 너무 얇아 구김이 쉽게 가는 것보다는 약간은 도톰하고
까칠한 질감이 손끝으로 느껴지는 종이가 좋아요.
연필이 닿을 때 사각사각 기분 좋은 소리를 내고, 잉크를 금세
빨아들여 그 위에 글씨가 보석처럼 심기기 때문이죠.

하나님 앞에 저는 어떤 종이인지 생각해봅니다. 알록달록 여러
빛깔의 그림이 가득해서 여백이 전혀 없지는 않은지를요.
나만의 생각과 계획으로 가득 차 하나님의 마음을 담을 수
없는 종이는 아닌지….

욕심을 내자면 저는 여백이 가득한 깨끗한 종이가 되고
싶습니다. 하나님께서 그분의 마음을 그림과 이야기로 마음껏
적어주시면 사각사각 기쁜 소리를 내며 고스란히 빨아들여서
보석처럼 반짝이는 종이가 되고 싶어요.

그러므로 누구든지 이런 것에서 자기를 깨끗하게 하면
귀히 쓰는 그릇이 되어 거룩하고 주인의 쓰심에 합당하며
모든 선한 일에 준비함이 되리라

딤후 2:21

하나님 앞에 저는 어떤 종이인지 생각해봅니다.
알록달록 여러 빛깔의 그림이 가득해서
여백이 전혀 없지는 않은지를요.
나만의 생각과 계획으로 가득 차
하나님의 마음을 담을 수 없는 종이는 아닌지….

# 부러움의 다른 이름,
# 소망

대학 시절, 부모님께 학비와 용돈을 받는 친구들이
부러웠습니다. 진로를 위해 집중해서 공부하며 여러 경험을
쌓기에도 부족한 시간에 저는 아르바이트로 많은 시간을
할애해야 했기 때문이에요.

어렵게 대학원 과정까지 마친 후 대학에서 강의할 때였습니다.
학기 내내 정장 한 벌로 출근하는 저와 달리, 다른 강사들은
패션쇼를 하는 듯 화려하게 입고 다녔어요.

여유롭고 행복해 보이는 지인들과 제 삶을 비교하며 상대적
박탈감을 많이 느꼈습니다.

'다들 잘 사는데 난 왜 이렇게 힘들까….'

마음의 돌부리에 걸려 넘어지고, 스스로 성을 쌓아 꿈을
포기하기도 했습니다. 그러다가 나라와 부모, 성별,
성격, 외모는 제가 선택할 수 있는 게 아니기에 세상이 공평하지
않다는 사실을 받아들이기로 했습니다.

이해되진 않았으나 하나님께서 허락하신 이유가 있을 거라고
믿고, 부족하고 어려운 상황에서 희망을 찾아보기로 했어요.
그리고 다른 이들을 부러워하는 저를 정직히 바라보았습니다.

부러움 뒤에는 제 내적 결핍과 꿈을 이루고 싶은 소망이
있더군요. 억척스럽게 하루하루를 살아내며 꿈을 이루기 위해
분주히 달렸습니다. 덕분에 부러움, 비교의식, 연민에 빠질
시간이 없었지요.

인생의 가장 힘들고 부족한 시간을 지나온 덕분에
제 마음은 쉽게 흔들리지 않을 만큼 단단해졌습니다.
지금이 가장 행복한 순간이고 최고의 시간이라고
느끼게 되었습니다.

하나님께서는 누구에게나 공평하게 하루 24시간이라는
기회와 선물을 주십니다. 타인의 달란트를 부러워하는 대신
자기 일에 최선을 다하는 삶이 가장 아름답다고 생각해요.
각자 받은 달란트가 다르니까요.

파란 하늘의 일곱 빛깔 무지개를 보려면 차가운 비가
지나가기를 기다려야 하듯 우리 인생에도 비교를 멈추고
고난을 이겨내며 자신의 삶에 집중해야 할 때가 있습니다.

저는 후배들에게 "부러움의 또 다른 이름은 소망"이라고
말해줍니다. 어릴 때 제가 가졌던 부러움이 소망의 자양분이
되었으니까요.

당신이 부러워하는 무언가를 소망의 무지개로 만들어주실
하나님을 기대하며 오늘도 성큼성큼 걷는 하루가 되길
기도합니다.

주의 말씀대로 나를 붙들어 살게 하시고
내 소망이 부끄럽지 않게 하소서
시 119:116

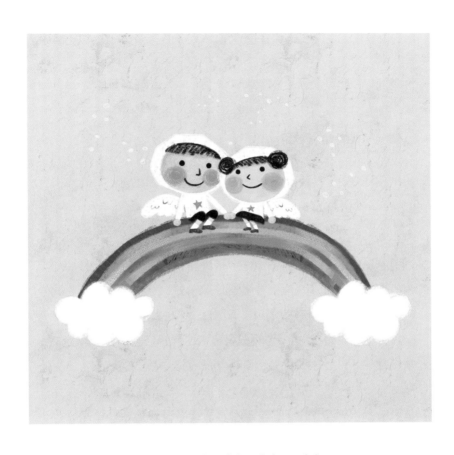

파란 하늘의 일곱 빛깔 무지개를 보려면
차가운 비가 지나가기를 기다려야 하듯
우리 인생에도 비교를 멈추고 고난을 이겨내며
자신의 삶에 집중해야 할 때가 있습니다.

# 숨은
## 기쁨 찾기

개인전을 열면 갤러리에 참 많은 사람이 다녀갑니다. 친척과
지인들이 전시를 축하해주기 위해 오고, 어떤 이들은 인터뷰
기사를 보고 방문하기도 합니다. 일러스트레이터가 되고
싶다며 상담하러 오는 이들도 있어요. 또 우연히 근처를
지나가다가 그림을 보고 들어오는 이도 있습니다.

그러나 제가 제일 기쁠 땐 그저 제 그림을 좋아해주는 사람을
만날 때예요. "우와~" 하는 감탄사와 함께 전시를 보며
휴대전화로 사진 찍기에 바쁜 사람, 퀴즈 답을 맞히듯 그림
제목을 하나도 놓치지 않고 보는 사람, 그림을 갖고 싶다며
가격을 물어보는 사람도 있지요.

또 함박웃음을 지으며 이렇게 말하는 사람도 있습니다.

"이 작가는 행복한 사람인가 봐. 그림이 참 따스해."

제게 사인을 요청하고, 함께 사진 찍자고 하는 이들도 있어요.
제 그림이 가득한 '갤러리'라는 공간에서 이처럼 마음껏
기쁨을 누리는 사람들을 보며 저는 정말 행복합니다.

그때 제 눈은 조용히 그들의 동선을 따라가고, 귀는 그들의
모든 말을 담습니다. 그러면서 세상에 나타난 하나님의 사랑과
그분의 작품을 보며 감사하며 살기로 했답니다.

하나님을 기쁘게 해드리는 건 제 유명함이나 다른 어떠함이
아니라 세상이란 갤러리에 걸어놓으신 그분의 그림을
좋아하고 누리는 것임을 배웁니다.

무심코 지나치던 작은 것에 숨겨놓으신 하나님의 마음을
설렘과 기쁨으로 찾아보기로 했습니다. 그리고 보물을 찾을
때마다 그분의 사랑을 글과 그림으로 말하려고 합니다.

제 그림을 보고 감탄하는 사람들처럼 저도 크게 기뻐하며
제가 만나는 이들에게 그 사랑을 전하려고 합니다. 하나님
아버지의 사랑을 발견할 때면 마치 소풍 가서 보물찾기
쪽지를 찾아 손에 쥔 아이처럼 뛰며 기뻐하는 우리가 되기를
바랍니다.

"하나님! 우리에게 세상과 사람에게서 하나님의 사랑을
찾을 수 있는 깊은 눈을 주시고 그 은혜를 발견하는
맑은 영성을 주세요. 아멘!"

당신은
가능성이 커요

대학에서 학생들을 가르칠 때, 학기 말이면 성적을 채점해야
했습니다. 모두에게 좋은 점수를 주어 응원하고 싶었으나
상대평가여서 누군가에게는 A를, 누군가에게는 D를 줘야 했지요.

제가 단독으로 채점하면 공평성이 문제가 될 듯해 중간시험은
학생들이 서로를 평가하게 하고, 기말시험은 전문가를 초청해
함께 평가했습니다.

그런데도 어떤 학생은 출석과 과제물 등을 근거로 높은 점수를
요구하곤 했지요. 그럴 때면 저는 이렇게 대답해주었어요.
자신이 무엇을 배웠고, 수업을 어떻게 평가하며,

자신만의 색을 찾아가는 작업으로 이어지는 게
더 중요하다고요.

그러면서 제게도 점수가 매겨진다면 몇 점이나 될까
생각하곤 했습니다. 제가 초등학교에 다닐 때는 성적을
'수·우·미·양·가'로 평가했어요. 실은 모두 좋은 의미가
담겨있었어요.

수(秀)는 '빼어나다, 우수하다', 우(優)는 '넉넉하다, 우량하다',
미(美)는 '아름답다', 양(良)은 '착하다, 훌륭하다', 가(可)는
'충분한 가능성이 있다'라는 뜻으로 '너는 가능성이 있으니
포기하지 말라'라는 의미지요.

과거의 제 건강 성적은 F였습니다. 유방암으로 몸이 많이
망가졌지만, 지금은 거의 회복되었고 오히려 건강할 때보다
더 열정적으로 살며 좋은 열매를 거두고 있습니다.

지금 당신의 인생 성적이 좋지 않아도, 두려운 환경이 앞을
막을지라도 가능성까지 사라진 건 아닙니다. 믿음으로 다시
문을 두드리면 반드시 열매로 바뀔 거예요.

당신을 바라보는 하나님은 절대 포기하거나 외면하지 않으시고 이렇게 말씀하실 거예요.

"항상 너를 응원하고 지켜줄게. 힘을 내. 너는 가능성이 크단다."

"항상 너를 응원하고 지켜줄게.
힘을 내. 너는 가능성이 크단다."

## Best보다
## Only one

요즘은 SNS를 통해 대화할 때 이모티콘을 많이 사용해요.
제가 이모티콘 작가로 알려지자 비법을 묻는 이들이 많습니다.

저는 대학 졸업 후 28년간 전시와 그림책 창작, 아트 상품,
콜라보 등 여러 영역의 작업을 해오다 그림을 홍보하기 위해
이모티콘 시장의 문을 두드렸어요.

첫 이모티콘인 〈너를 만나 행복해〉는 기존의 디지털 그림과
달리 아날로그 느낌이 나서 좋다는 이야기를 많이 들었습니다.
한편으로는 그림이 너무 착해 보여서 재미없다며 과격하고
과장된 스타일로 그리는 게 좋겠다는 말도 들었어요.

그런 스타일은 제가 추구하는 콘셉트나 분위기는 아니었으나
요즘 대세인지라 비슷한 스타일의 말장난 톡을 만들어
제안했습니다. 그러나 출시되지는 못했어요.

그래서 '나는 어떤 사람일까? 어떤 그림을 잘 그릴 수
있을까?'를 다시 생각해봤어요. 그러다 외톨이 열등생이었던
자신의 모습을 '찰리 브라운'이란 캐릭터로 만들어 사랑을
받았던 〈스누피〉의 작가 찰스 슐츠를 떠올리게 되었지요.

저 역시 이모티콘 〈사랑하는 그대에게〉의 '뽀그리 아가씨'
캐릭터에 제 모습을 넣었습니다. 긍정적이고 사람들에게
말 건네는 걸 어려워하지 않고 환하게 잘 웃는 제 모습을
캐릭터에 담아 착하고 공손한 이모티콘을 만들었어요.

파마머리에 원피스를 입은 캐릭터가 알프스 소녀 같다고들
하지만 실상은 허당 장군인 제 모습입니다. 유행하는 스타일의
이모티콘이 아니어서 처음엔 모두 기대하지 않았어요.

그런데 사람들에게 너무나 큰 사랑을 받아 대박 상품이
되었습니다. 저는 이 일을 계기로 유행을 따라 하기보다는

가장 나다운 작업에 진정성이 더해질 때 좋은 성과가
나타난다는 걸 알았어요.

제가 가장 잘 표현할 수 있는 차별화된 나만의 그림이
'Best(최고)'는 아니지만 'Only one(오직 하나)'이 되는 걸
확인했으니까요. 자신이 어떤 사람인지 알면 자기만의 열매를
만드는 데 큰 도움이 됩니다.

숲은 나무들이 모여 만든 공동체의 향연입니다. 모두 다른
모습으로 숲을 이루고 있지요. 누구를 흉내 내거나 부러워하지
않습니다. 각자의 모습으로 아름다운 숲을 완성하지요.

우리도 모두 다릅니다. 하나님이 누구도 흉내 내지 못할
유일한 나를 만들어주셨으니까요. 오직 하나뿐인 나를 만드신
그분의 뜻을 발견하고 나를 소중히 여기며 최선을 다하면
반드시 열매를 보게 하실 거예요.

우리는 그가 만드신 바라 그리스도 예수 안에서 선한 일을 위하여
지으심을 받은 자니 이 일은 하나님이 전에 예비하사 우리로
그 가운데서 행하게 하려 하심이니라

엡 2:10

# 덧칠
그림

저는 어릴 때부터 그리기를 참 좋아했어요. 하나님께서 주신
달란트와 좋은 선생님을 만난 덕분에 그림작가가 되었습니다.

그림 작업은 주로 디지털과 수작업으로 해요. 컴퓨터 작업은
포토샵으로 크레용 질감을 줘서 아날로그 느낌이 나게 합니다.
손으로 그린 그림을 더 좋아하기 때문이에요. 디지털 작업보다
온기를 전해줄 수 있거든요.

수작업은 주로 아크릴 물감을 사용합니다. 그리다가 마음에
안 들면 몇 번이고 덧칠 수정이 가능해요. 또 유화 느낌이
나면서도 빨리 말라서 급한 성격인 제가 작업하기에는

참 좋은 재료입니다.

하나님께서 아직은 수정이 많이 필요한 제 인생을 여러
색깔의 물감으로 덧칠해주셨습니다. 암 투병을 통해 세상과
사람을 보는 제 눈을 더 깊게 해주셨어요. 아픔과 기다림마저
때로는 은혜가 된다는 걸 알게 되었습니다.

최고의 화가이신 하나님의 손길이 지나가자 제 상처들은 멋진
작품이 되었어요. 제 부족함과 연약함은 덮어주셨고,
제 미래의 모습 또한 아름답게 수정하실 거라고 믿습니다.

과거의 모습이 실수와 허물투성이라 할지라도 하나님께서
덧칠해주시면 분명 아름다운 인생이 될 것입니다. 우리를
최고의 걸작품으로 만들어주실 그분을 기대합니다.

"하나님의 사랑과 터치를 경험하는 한 점의 그림 같은
행복한 인생이 되게 해주세요."

"하나님의 사랑과 터치를 경험하는
한 점의 그림 같은 행복한 인생이 되게 해주세요."

# 단점을
## 매력으로

저는 어릴 때부터 글씨체가 맘에 들 때까지 몇 번이고 고쳐
쓰곤 했습니다. 그림을 그릴 때도 스케치 선을 넘지 않게
깨끗하게 물감을 칠했어요.

깔끔하고 완벽하게 하려는 성격 때문에 작업할 때도 마음에
들 때까지 수정하곤 해요. 이모티콘을 만들 때도 마찬가지로
더 좋은 결과물을 위해 여러 번 고칩니다.

그런 저를 보던 큰아들이 "엄마! 너무 열심히 하지 말고
나처럼 대충 그려요"라며 순식간에 낙서처럼 그렸습니다.
그 그림을 휴대전화로 사진을 찍어 다른 사람들에게

보여주었더니 너무 재미있어하더군요.

그래서 그림을 배운 적 없는 큰아들에게 이모티콘을 만들자고
했어요. 잘 그린 그림은 빼고 못 그린 그림으로 고른 다음,
2초 만에 그려서 〈이초티콘〉이라고 이름을 지었습니다.
이것이 아들의 데뷔작이자 히트작이 되었지요.

선이 삐뚤삐뚤하고 캐릭터의 팔다리 비율조차 맞지 않게
대충 그렸는데도 반응이 뜨거웠습니다. 많은 사람이 캐릭터가
귀여워 정이 가고, 불완전한 자신을 닮은 것 같다면서
좋아했어요.

지금 큰아들은 그 수익으로 학비를 해결하고 원하는 영상
연출을 공부하며 이모티콘 작가로 활동하고 있습니다.

아들의 이모티콘을 보며 그림에 있어서 공감이 중요함을
알았습니다. 무엇보다 단점이 장점으로 바뀔 수 있다는
것도 말이죠. 단점을 개성으로 발전시키면 자신만의 매력이
흘러나오니까요.

사람은 누구나 가능성의 씨앗을 갖고 있습니다. 단점에 매여 자신을 괴롭히거나 좌절한다면 그 씨앗은 발아하지 못할 거예요. 자신을 있는 그대로 인정하면서 약한 부분을 장점으로 바꾸는 멋진 도전을 시도해보면 어떨까요?

한 후배 작가가 자기는 소심하며 집중력이 없고 융통성이 부족하다고 생각했답니다. 그런데 한 선생님이 "너는 신중하고 관심사가 다양하며 일관적이야"라고 인정해주어 자신의 단점을 장점으로 느끼게 되었다고 했어요.

미켈란젤로의 조각 같은 외모의 한 남자배우는 목소리가 단점이라고 하고, 거의 결점이 없을 만큼 예쁜 어떤 여자 탤런트는 발이 너무 커서 마음에 안 든다고 했습니다.

누구에게나 장단점이 있어요. 99가지 장점보다 한 가지 단점에 마음을 뺏기면 불행이 시작됩니다. 99가지 장점을 기뻐하고 성실하게 살면 단점마저도 장점으로 만들 수 있는 용기가 생길 거예요.

하나님의 사랑 안에서 기뻐하는 당신의 가능성이 성공의
꽃으로 피어나길 간절히 기도합니다.

# 당신께 드리는 상장

책상 위에 붙여놓은 카드 한 장이 있습니다. 작업할 때마다
보면 미소 짓게 되는 그 카드에는 예쁜 손글씨로 이렇게
쓰여있습니다.

"작가님과 만나 일할 때마다 항상 즐겁고 행복해요.
늘 감사합니다."

함께 일했던 에이전시 직원인 디자이너의 글입니다. 저는
이 카드를 상장처럼 여기며 자주 들여다봅니다. 대학을 갓 졸업한
그녀는 밝고 예쁘고 지혜롭게 일을 잘했고, 함께 작업할 때면
"최고예요", "정말 맘에 들어요", "멋져요", "대단해요"라는

인사말이 끊이지 않았어요.

그녀는 "작가님! 너무 잘해주셔서 감사합니다"라고 깍듯이
인사하거나 "지금도 훌륭하지만 조금만 발전한다면 효과가
극대화될 것 같아요"라며 제 작업을 인정하면서 수정을
부탁했습니다. 그뿐만 아니라 제가 미처 생각하지 못한
자료까지 준비해 보여주기도 했어요. 그런 배려에 감사와
칭찬을 전할 수밖에 없었습니다.

하루는 그녀에게 고마운 마음을 전하고자 함께 식사했습니다.
이야기를 나누다가 그녀가 회사에서 인격 모독을 당하며
일하고 있음을 알게 되었어요.

"너 정도 연봉을 받는 직원은 얼마든지 뽑을 수 있어"라는
상사의 말에 상처를 받아 자존감이 떨어졌는데 제가 해주는
칭찬이 큰 위로가 되었다고 했습니다.

저는 그녀가 정말 일을 잘해서 칭찬과 감사를 전했을
뿐이었는데 말이죠. 제 칭찬과 그녀의 감사카드는 우리의
마음을 활짝 열어주는 열쇠가 되었어요.

함께해서 더 행복해지는 시간이었습니다.

그 후로 저는 함께 일하는 디자이너들에게 칭찬과 감사의
마음을 아끼지 않았습니다. 화려하진 않아도 진심이 담긴
따뜻한 말 한마디가 서로에게 주는 기쁨과 힘을 경험했으니까요.

며칠 전, 한 디자이너에게 또 하나의 상장을 받았습니다.

"만날 때마다 늘 선물이나 편지를 주셔서 저도 한번 써 봤어요.
늘 따뜻하게 챙겨주시는 작가님을 보며 배우고 있습니다.
너무 좋아요. 앞으로도 잘 부탁드립니다."

함께할수록 진심 어린 말 한마디와 마음을 담아 격려하는
다정한 글 한 줄이 담긴 상장들이 쌓여갑니다.

무릇 더러운 말은 너희 입 밖에도 내지 말고 오직 덕을 세우는 데
소용되는 대로 선한 말을 하여 듣는 자들에게 은혜를 끼치게 하라
엡 4:29

함께할수록 진심 어린 말 한마디와
마음을 담아 격려하는
다정한 글 한 줄이 담긴 상장들이 쌓여갑니다.

너는 나의
슈퍼맨이야

저는 사람에게 관심이 많아서 그들의 이야기를 그리곤 해요.
그래서인지 제 그림을 보고 "제 어렸을 때 같아요"라거나
"우리 아들, 딸, 손녀 같아요"라고 말하는 사람들이 있습니다.

한 미국인 어머니는 〈나는 꿈나무예요〉라는 제 그림이 입양한
한국 아들과 똑같다며 메일을 보내기도 했어요. 나무 모자를
쓴 꼬맹이가 지금은 작지만 울창한 꿈나무가 될 거라는
그림의 메시지가 마음에 들어서 아들에게 선물했다고 합니다.

사람들은 그림에서 자신의 모습을 보고 공감하는 듯합니다.
마치 노래 가사가 내 이야기로 들릴 때 감동하듯이요.

저도 그런 기억이 있습니다. 5년 전 암 선고를 받았을 때,
겉으로는 사람들이 놀랄 만큼 의연하게 행동했어요.
저 때문에 가족이 힘들어하는 걸 원치 않았거든요.

그런데 수술을 하루 앞두고 교회에서 열린 하덕규 목사님
콘서트에서, 〈하나님은 너를 지키시는 자〉라는 찬양에 마음이
무너져 펑펑 울었던 기억이 있답니다. 저를 위해 만든 찬양인
듯 큰 위로와 감동을 받았어요.

그래서 저도 그림을 통해 누군가에게 감동을 주고 이야기하는
걸 더 좋아하게 되었습니다. 그런 제 마음이 담긴 〈너는 나의
슈퍼맨이야〉라는 그림은 많은 사람의 사랑을 받았습니다.

제가 그린 슈퍼맨은 하늘을 날며 언제든 누군가를 위험에서
구하는 능력자의 모습이 아니에요. 슈퍼맨 망토를 두른 채
해맑게 웃으며 서 있는 어린아이 그림입니다.

아무 일도 할 수 없는 연약한 아이지만, 그 존재만으로도
우리에게 이미 슈퍼맨이라고 말해주고 싶었습니다.

"너는 내 어린 슈퍼맨이야!"

비록 능력 없는 어린아이의 모습이고, 또 땀 흘린 만큼의
열매가 없을지라도 옆에 있어 주고, 자신의 자리를 지켜주느라
수고했다고 서로 이야기해주는 건 어떨까요?

이미 하나님께서는 우리에게 이렇게 말씀하세요.

"너는 내 어린 슈퍼맨이야!"

# 조금 어설퍼도 괜찮아

사람들은 제게 "30년 동안 그림을 그렸으니 이젠 그림엔 완벽하시겠네요"라고 말합니다. 하지만 저는 그렇게 생각하지 않아요. 작아도 기쁨이 되며 낮아도 평안이 넘치게 하신 제 자리에서 조금씩 나아지는 중입니다.

예전에는 선 하나를 그어도 꼭 자를 대고 긋는 성격이었어요. 그런데 한 교수님이 "네가 자를 대고 그은 선도 현미경으로 보면 다 삐뚤삐뚤할걸. 그저 기쁘게 그려라!"라고 말씀해주신 덕분에 자연스러운 선의 맛을 알게 되었답니다.

한 선배도 완벽하게 작업하고 싶어 클라이언트가 마음에

든다고 해도 본인이 만족할 때까지 거듭 수정해서 완성본을
만들어내곤 했어요. 그는 절대 대충 하는 법이 없었습니다.

그런데 너무 완벽한 것보다는 어느 정도 빈 구멍이 있어
보여야 채워주고 싶은 마음이 생깁니다. 부족한 부분이 있는
사람을 보면 공감이 되고 그의 필요를 채워주고 싶듯이
말이죠. 그래서 때론 미완성도 아름답다고 느낍니다.

지나친 완벽을 추구하면 자신이나 주변 사람들이 스트레스를
받아요. 객관적으로 보면 나의 완벽함도 타인의 시각에서는
정답이 아닐 수 있습니다.

조금 어설퍼도 마음을 전할 수만 있다면 그것으로 충분합니다.
화려하고 비싼 카네이션 꽃바구니가 아니라 어린아이가
손으로 만든 어설픈 종이 카네이션을 가슴에 자랑스럽게
달고 다니는 부모의 미소를 보면 알 수 있듯이요.
완벽하지 않아도 얼마든지 기쁨을 만들 수 있어요.

최상이 아니어도 최선을 다하는 모습은 언제나
아름다우니까요. 그런 우리의 삶을 종이 카네이션에 담아

하나님 가슴에 달아드려 볼까요?

"하나님, 완벽하지 않아도 우리의 마음만으로도
기뻐하시는 당신을 닮아 우리도 최선을 다하는 삶을
올려드리게 해주세요. 아멘."

# 고슴도치 가시에 꽂은
# 꽃 한 송이

요즘 반려동물을 가족처럼 키우는 집들이 많습니다. 작은
아들도 어려서부터 고슴도치를 키웠어요. 고슴도치는 제가
손만 가까이해도 "쉭쉭~" 소리를 내며 가시를 세웠지요.
그런데 주인인 아들이 만져주면 기분 좋은 듯 귀엽게 고개를
흔들었습니다.

저는 고슴도치를 주인공으로 '또치와 소녀'라는 카카오톡
이모티콘을 만들었어요. 몇 년 전에는 전시 때문에
일본에 갔다가《고슴도치와 나》라는 책을 발견했지요.
연필 선으로 그려진 단순한 그림에 짧은 글 한 줄이 적힌
그림책이었습니다.

줄거리는 이래요. 고슴도치를 친구라고 소개하는 한 소녀는
고슴도치와 친하게 지내고 싶은데 가시 때문에 안을 수가
없었어요. 곰곰이 생각하다가 면도기로 고슴도치 가시를
깎아버렸죠. 소녀는 매끄러운 고슴도치를 안고 좋아했어요.

그런데 며칠이 지나자 가시가 다시 자랐어요. 소녀는 고민하다
가시에 파마를 해줬습니다. 동그래진 가시를 가진 고슴도치를
꼭 껴안으며 소녀는 만족해합니다.

그러나 소녀는 예전의 뾰족한 가시를 지닌 고슴도치 사진을
보며 파마한 고슴도치는 진짜 고슴도치가 아닌 것 같다고
생각해요. 시간이 지나 다시 가시가 뾰족해진 고슴도치를 보며
그 모습이 최고라고 인정하게 되지요. 그리고 소녀는 고슴도치
가시 틈에 꽃 한 송이를 꽂아줍니다.

이 동화를 보며 생각해보았습니다.

'하나님께서 가시투성이인 내게 예쁜 꽃을 꽂아주셨는데,
내 기준대로 가시를 자르고 있는 건 아닐까? 또 누군가를
판단하고 힘들게 하지는 않았을까?'

고슴도치는 고슴도치로 살 때 가장 행복한 것처럼 우리도
우리의 사명대로 사는 게 최선이며 행복이라 믿으며
고백합니다.

"하나님! 우리의 가시로 찌르던 사람들에게 용서를 구하는
마음과 상대의 가시에 예쁜 꽃 한 송이를 꽂을 수 있는
마음을 주세요."

"하나님! 우리의 가시로 찌르던 사람들에게
용서를 구하는 마음과
상대의 가시에 예쁜 꽃 한 송이를
꽂을 수 있는 마음을 주세요."

# 그래도
# 사랑해

아이들이 어렸을 때 제가 유리컵을 깨뜨린 적이 있어요.
어린아이들이 다칠까 봐 구석구석을 몇 번이고 깨끗이
치웠습니다. 하지만 다음 날 남아있던 유리 조각을 제가 밟고
말았지요.

"아얏~" 하며 했던 말은 신기하게도 "하나님! 감사해요"였어요.
어린 아들들 대신 먼저 밟아서 정말 다행이라고 생각했습니다.
그때 왜 저 대신 십자가에서 돌아가신
예수님의 사랑이 갑자기 떠올랐을까요?
하나님의 사랑이 선명하게 이해되는 순간이었습니다.

그 경험으로 먼저 손 내밀어주시는 하나님의 사랑을
《그래도 사랑해》라는 그림 에세이에 담았어요. 안개꽃처럼
누군가를 돋보이게 해주며 힘들어도 아픔을 삭이는 소녀의
이야기입니다.

한 소년이 소녀의 가슴에 흐르는 눈물을 알아챘습니다.
소년은 자신을 평범하다고 여기는 소녀에게 그녀가 특별한
존재임을 깨닫게 해주지요.

사실 소녀는 많은 재능과 가능성이 있었지만,
흙 속의 진주처럼 다듬어지지 않은 보석이었거든요.

소년의 사랑이 소녀를 변화시키기 시작합니다. 소년은
소녀에게 많은 사람이 쉼을 누리는 초록빛 숲이 되라고
격려합니다. 소녀는 숲이 되기로 결심하고 숲이 되어가지요.
그리고 자신의 숲으로 소년을 초대하여 "너는 내 선물이야"라고
수줍게 고백합니다. 소년도 만족한 웃음으로 대답합니다.

"너를 만나 행복해!"

"너를 만나 행복해!"

먼저 손 내밀어 사랑해준 소년에 하나님의 모습을,
소년에게 "너는 내 꿈이야"라고 말하는 소녀에 우리의 모습을
담았습니다.

주인공 소녀의 처음 모습처럼 스스로 작다고 느끼는 이들에게
"너는 특별해"라고 말씀하시며 우리 마음에 주신 소원을 친히
격려하시는 하나님의 마음을 전합니다.

"그래도 사랑해!"

이름의
특별한 의미


사람의 이름과 별명에는 특별한 의미가 담겨있습니다.
최근에는 태중에 있는 아이에게도 이름을 지어 부르곤 해요.


몇 년 전 창작 그림동화《아가야! 너를 만나 행복해》를
준비하면서 태명을 조사해보니 '사랑이'가 가장 많았습니다.
사랑을 많이 받고 베풀라는 부모의 마음이 고스란히 담긴
이름이겠지요.


요즘은 SNS에 이름 대신 닉네임을 많이 사용합니다. 저도 수년 전에
갓피플 사이트에 묵상 그림을 올리면서부터 '무릎이'란
닉네임을 사용했어요.

책장에 꽂혀있던 《무릎으로 사는 그리스도인》을 보고 떠오른
이름이었어요. 무릎 꿇고 기도하며 작업하고픈 마음을
담았지요. 무릎으로 나아갈 때 우리는 가장 크고 강하게 설 수
있으니까요.

또 "슬하의 자녀"가 무릎 아래 작은 아이들을 의미한다고
해서 무릎 아래의 작은 아이들, 즉 '꼬맹이'라는 뜻을 담은
이름이기도 합니다. 동심(童心)을 담은 그림을 계속 그리고픈
제 마음의 표현이기도 했어요.

한때 제 별명은 '휘발유'였습니다. 한 선생님이 제가 어떤
일에 집중하면 열정적으로 타오른다고 붙여주셨지요.
처음엔 잘 이해가 안 되었지만, 한편으로는 고마운 마음이
들었어요. 별명대로 더 열정적으로 그림을 그려야겠다고
다짐했으니까요.

제 이름 '임선경'은 친할아버지가 지어주셨어요. '숲의 드문
별'이란 의미입니다. 저는 이 이름을 나름대로 해석했습니다.

'그래, 동방박사를 인도한 별처럼 내 그림을 보는 사람들을

하나님께로 인도하는 별 같은 사람이 되자. 그리고 지친
영혼들이 쉬어 갈 수 있는 별 내린 숲 같은 사람이 되자.'

성경의 인물들도 특별한 뜻의 이름으로 불립니다. 노아는
'휴식과 위안', 사라는 '열국의 어미', 이삭은 '웃음', 요셉은
'하나님께서 더하신다', 다윗은 '사랑받는 자'라는 뜻을 지닌
것처럼 말입니다.

당신은 어떤 이름과 별명으로 불리나요? 그 의미는
무엇인가요? 분명히 소중한 의미를 지니고 있을 거예요.
수많은 우리의 이름이 하나님의 사랑과 위로를 전하는
이름으로 기억되면 좋겠습니다.

"하나님! 우리의 이름이 아프고 약한 자들을 위해 기도해주는
따스한 이름으로 기록되게 해주세요."

"하나님! 우리의 이름이
아프고 약한 자들을 위해
기도해주는 따스한 이름으로
기록되게 해주세요."

행복한
발걸음

그림 그리는 저는 사람을 만날 때마다 그 이미지를 깊이
관찰합니다. 특히 목소리에 예민해서 그것을 귀담아듣고,
그의 태도와 행동을 유심히 살펴봐요. 표정이나 목소리에
한 사람의 마음이 담겨있다고 생각하기 때문이에요.

언젠가 제 개인전에 오신 한 작가분을 마중 나갔어요. 조금
늦어서 빠른 걸음으로 다가갔더니 그분이 말씀하셨어요.

"임 작가! 워커 신고 원피스를 휘날리며 장군처럼 씩씩하게
걸어오는 모습에 인사동이 무너지는 줄 알았어. 그렇게
걸어오는 걸 보니 대단히 열정적인 사람 같아."

발걸음에도 성격이 드러난다는 걸 알게 된 후로 저도 만나는
사람의 발걸음을 보는 습관이 생겼습니다.

누가복음에서 탕자가 다시 아버지께로 돌아왔을 때 아직
거리가 먼데도 나이 든 아버지가 아들에게 달려간 건 그를
향한 사랑 때문이었어요. 또한, 로마의 시스티나 성당
천장화로 유명한 미켈란젤로의 〈천지창조〉에는 하나님께서
아담을 찾아오시는 장면이 그려져 있습니다.

느긋한 아담과는 달리 매우 기운차게 달려오시는 하나님
모습에서 그분의 사랑이 보였어요. 사랑은 움직이게
하고, 속도가 붙게 하고, 달려가게 한다는 걸요.

이처럼 적극적으로 제게 다가오신 하나님의 마음과
사랑의 발걸음 때문에 제 태도와 마음, 발걸음과 삶의 속도가
달라졌습니다.

내 걸음을 넓게 하셨고 나를 실족하지 않게 하셨나이다
시 18:36

여호와께서 사람의 걸음을 정하시고 그의 길을 기뻐하시나니
시 37:23

뜨거운 열정이 담긴 마음과 발걸음으로 낯선 세상을 향해
비전을 품고 뚜벅뚜벅 걷다 보면 선한 열매를 많이 거두게
될 거예요. 또 어느 하나 헛된 것이 없기를 기도한다면
누군가에게는 힘이 되는 행복한 발걸음이 될 것입니다.

"하나님, 어제의 발자국은 당신의 인도하심이었고,
내일의 계획은 하나님의 선물임을 믿고 하루하루 기쁘게
살아가게 해주세요. 아멘."

뜨거운 열정이 담긴 마음과 발걸음으로
낯선 세상을 향해 비전을 품고 뚜벅뚜벅 걷다 보면
선한 열매를 많이 거두게 될 거예요.

어린아이
그림처럼

"그림 잘 그리는 사람을 보면 너무 부러워요. 어떻게 해야 잘
그릴 수 있나요?"

가끔 이런 질문을 받습니다. 사람마다 상황이 다르니
답변은 조금씩 다르지만 그림을 시작하는 이들에게 공통으로
해주는 이야기가 있어요.

"처음부터 잘 그리는 사람은 없어요. 재미있게 많이
그려보세요."

저는 작가로서 그림을 그리지만, 잘해서라기보다는 그림이

좋아서 시작했어요. 30년 동안 계속할 수 있었던 것도 같은
이유입니다.

잘 그리고 못 그린 그림이 있을까요? 어떤 이는 실물을
사실적으로 옮긴 걸 잘 그렸다고 하고, 또 다른 이는 특징을
과장해서 그린 걸 좋은 그림이라고 말합니다.
잘 그린다기보다는 사람들이 각자 좋아하는 그림 스타일이
있다고 표현하는 게 맞을 거예요.

저는 각자의 개성과 스타일이 묻어나며 마음의 이야기를
표현한 그림을 좋아합니다. "모든 어린이는 예술가다"라고 한
피카소의 말처럼 마음 가는 대로 그린 어린아이들의 그림을
좋아하지요. 그들의 그림은 과장과 기교 없이 순수하기만
하니까요.

삐뚤삐뚤한 어린아이의 그림이 너무 사랑스러워서 아들들이
어릴 때 그린 그림을 거실 가득 걸어놓아 갤러리를 만들기도
했습니다. 늘 저를 놀라게 하고 감동을 주어 제 그림의
영감이 되기에 충분했어요.

"하나님, 우리 안에 아이처럼
맑고 순수한 믿음을 부어주세요.
움켜쥔 손을 펼쳐 욕심 없이 나누는
아이들의 맑은 눈을 주세요."

저 역시도 어린아이와 같은 동심을 그립니다. 제 그림을 무척 좋아하던 선배 교수님이 늘 말했습니다.

"네 그림처럼 천진난만한 그림은 네가 순수함을 잃어버리면 영혼 없는 그림이 된다. 그래서 네 삶이 순수해야 해."

말이나 그림보다 삶의 목소리가 크다는 걸 기억하면서 잠든 가지에서도 생명력을 보는 어린아이의 마음으로 오늘도 붓을 들어봅니다.

"하나님, 우리 안에 아이처럼 맑고 순수한 믿음을 부어주세요. 움켜쥔 손을 펼쳐 욕심 없이 나누는 아이들의 맑은 눈을 주세요."

이르시되 진실로 너희에게 이르노니 너희가 돌이켜
어린아이들과 같이 되지 아니하면 결단코
천국에 들어가지 못하리라

마 18:3

# 일어서며 행복해

# 2부

# 배에 새겨진
# 빅 스마일

저는 어려서부터 자가 면역에 문제가 있어 병원에 정기적으로
다녔습니다. 갑상선 기능 이상으로 지속적인 호르몬 치료가
필요했어요. 매우 드문 병으로, 완치가 어렵다는 말도 들었어요.

초등학교 때는 치료를 받기 위해 자주 조퇴해서 친구들의
부러움을 사기도 했지요. 잠깐은 기분이 좋았지만, 병원의
커다란 치료기 앞에 서면 겁이 나서 떨곤 했습니다.

40대의 어느 날, 유두에 염증이 생겨 동네 병원을 찾았어요.
몇 번 치료를 받았는데도 통증이 점점 커지자 의사가
큰 병원에 가보라고 했습니다. 그리고 그곳에서 유방암

진단을 받고, 2011년에 수술했어요.

첫 수술 후 몸에 선명한 칼자국이 몇 군데 생겼습니다.
이 흉터에 대해 담임목사님이 이렇게 말씀해주셨어요.
책을 읽으며 중요한 부분에 밑줄을 긋듯이 하나님께서
'너는 중요한 사람이야!'라고 표시하신 거라고요.
그 말씀을 듣고 이런 마음이 들었어요.

'그럼 내가 하나님께 선택된 건가?'
제 입가에 미소가 번졌어요. 그런데 수술 범위가 커서
한 번에 하지 못하고 재수술을 받아야만 했습니다.
한쪽 가슴을 완전히 도려내는 수술과 복원 수술을
12시간 동안 받았지요.

결국 배에 커다란 반원 모양의 수술 자국이 생겼어요. 개복
부위를 크게 잡을 수밖에 없었던 이유를 설명하는 주치의에게
제가 말했습니다.

"반원 모양 자국은 평생 웃고 살라고 제 몸에 주신
빅 스마일(big smile)인가 봐요."

Smile

우리 앞에 놓여있는 원치 않는 상황,
힘든 관계조차도 감사함으로 받으면 하나님께서
하나도 버리지 않고 예쁜 꽃으로 피워주실 거에요.

수술 후에는 수술한 가슴 쪽 팔 근육이 굳어서 팔을 앞뒤로
올릴 수가 없었어요. 그래서 팔이 찢어지는 듯한 고통스러운
재활 치료를 6개월간 받았습니다.

그런데 3년 후에 암이 재발하여 수술과 치료를 또 받아야
했어요. 이번에는 면역력이 약해져 온몸에 하얀 얼룩이 생기는
백반증상까지 나타났습니다. 저는 마음이 많이 불편했습니다.

'가슴도 온전치 않은데, 이제는 온몸이 얼룩말처럼
되는구나….'

하지만 곧 생각을 바꾸었습니다.
'하나님께서 내게 인생의 겨울도 생각하라고, 몸에 하얀 눈을
내리셨구나!'

삶에 스친 상처의 흔적을 보면 마음이 몹시 아픈 건
당연합니다. 하지만 그대로 주저앉아 우울감에 빠지지 않고
주어진 상황을 잘 해석하여 받아들이는 게 믿음의 한 모습이
아닐까 생각해요.

"하나님께서 지으신 모든 것이 선하매 감사함으로 받으면
버릴 것이 없나니"(딤전 4:4)라는 말씀을 기억합니다.
이 말씀처럼 제가 경험한 아픔들을 수용했을 때,
그것이 하나도 버려지지 않음을 경험했어요.

전에는 보지 못했던 연약한 이들에게 마음을 쏟고
그들에게 위로와 희망을 전하게 되었습니다.

우리 앞에 놓여있는 원치 않는 상황, 힘든 관계조차도
감사함으로 받으면 하나님께서 하나도 버리지 않고
예쁜 꽃으로 피워주실 거예요. 그럴 때마다 저는 고백합니다.

"하나님을 만나서 정말 행복합니다."

# 인생은
## 파트너

얼마 전 이모의 칠순 잔치가 있었어요. 자녀들이 만든 이모의
일생 영상을 보았지요. 소녀였던 이모가 결혼하고, 아이를
낳고, 할머니가 되어가는 과정을 보여주었습니다.

영상에서 수십 개의 빨간 점이 찍힌 세계지도도 보았어요.
그 점들은 이모가 여행을 다녀온 곳이었습니다. 제가 어떤
여행이 제일 좋았냐고 물으니 이모가 말했어요.

"나랑 마음이 제일 잘 맞는 언니랑 간 여행이 제일 재밌었지."

인생이라는 여행도 서로의 마음을 이해하고 배려해주는

좋은 친구와 파트너를 만난다면 더없이 즐겁고 행복하겠지요.
마음 맞는 파트너는 인생 여정에 최고의 선물이 될 것입니다.
그래서 "인생은 파트너!"라는 말이 생겼나 봅니다.

지난해 가을, 타이베이를 여행 중인 친구로부터 연락을
받았어요. 혼자 호텔에 묵고 있으니 와서 같이 쉬자고요.
저는 하던 작업을 멈추고, 다음 날 바로 타이베이로
날아갔습니다. 마침 제 건강에 문제도 생기고, 여러 일로 마음이
지쳐있던 터라 잠시 쉬고 싶었거든요.

저처럼 암 투병 중인 친구였는데 제 건강 상태를 잘 알기에
힐링 여행 코스를 준비해주었습니다. 덕분에 무리한 일정 대신
온천과 맛있는 음식으로 쉼을 누렸어요.

그리고 제 눈이 반짝거릴 만한 미술관과 아트숍도 구경시켜
주었습니다. 최상의 파트너인 친구의 배려와 사랑에 감동할
수밖에 없었습니다.

마침 장맛비가 그치자 푸른 하늘에 뜬 해가 활짝 웃는 것
같았어요. 그날의 해처럼 우리도 암을 이겨내고 눈부시게

웃자고 약속했습니다.

저는 자연스럽게 잘 어울리는 색을 즐겨 사용합니다.
또 반대 색이라도 같이 있을 때 서로를 돋보이게 해주는
조합도 좋아해요. 빨강과 청록, 노랑과 남색, 연두와 보라 같은
조합이 그렇습니다.

나와 비슷하거나 혹은 달라도 서로를 돋보이게 하는 파트너를
만난다면 아름답고 행복한 인생이 되겠지요.

"그런데 그런 파트너를 어디에서 찾을 수 있을까요?"

"내 주변엔 왜 그런 사람이 없죠?"

혹시 이런 생각이 든다면 먼저 할 일이 있습니다. 내가
누군가에게 다가가 힘든 인생길에서 그를 돋보이게 해주고
아픈 마음을 안아줄 수 있는 파트너가 되는 거예요.

그러면 내가 한 발자국 다가가는 만큼 상대방과 가까워지는
행복한 경험을 만끽할 수 있을 겁니다.

"하나님, 제가 먼저 다가가 사랑을 주고 상대를 빛나게 하는
인생 파트너가 되기 원합니다. 우리가 아름다운 하모니를
만들며 동행의 꽃을 피우는 복된 인생이 되게 해주세요."

지혜로운 자와 동행하면 지혜를 얻고 미련한 자와 사귀면
해를 받느니라

잠 13:20

# 통증의
# 은혜

글과 그림 작업을 하다 보니 다른 사람들보다 감각적이고
예민하다는 말을 듣곤 합니다. 그런 제가 전혀 아픔을 느끼지
못했던 적이 있었어요.

1차 유방암 수술 후에 퇴원했는데 수술한 부위에서 계속 피가
흘렀어요. 다시 병원에 갔더니 의사 선생님이 마취도 하지
않고 꿰맨 부위를 의료용 스테이플러로 꾹꾹 눌러 봉합했지요.

좀 놀라긴 했으나 전혀 아픔을 느끼지 못했습니다. 그 부위에
감각이 없어졌기 때문이에요. 그래서 더욱 상처가 생기지 않게
조심해야 했습니다.

이전까지는 아픔이 나쁜 건 줄로만 알았는데….
아픔은 자극에 반응하는 감각이 살아있다는 증거임을
알았습니다. 중환자가 고개를 끄덕이거나 손가락을 조금
움직이는 것을 회복의 신호라고 하듯이 아픔을 느끼는 건
살아있다는 증거였던 거예요. 그래서 아픔조차 감사의
제목이 되었습니다.

수술 자국이 커 치료를 받을 때였어요. 마취 크림을 바르고
40분 정도 지나면 레이저로 치료합니다. 살이 타는 냄새가 날
정도인데도 저는 통증을 거의 느끼지 못했어요.

치료 후엔 진물이 심하게 흘러 샤워도 할 수 없었습니다.
하지만 시간이 지나면 상처가 흐려진다고 했어요. 통증이
살아있음을 알려주는 감사 제목이지만, 아픔을 잊고 치료하게
해주는 마취제가 있음도 정말 감사했어요.

누군가 고통을 겪을 때, 담담히 견딜 수 있게 돕는 마취 크림
같은 사람이 될 수 있으면 좋겠습니다. 시간이 지나면 흉터가
흐려지듯 그들의 슬픔과 고통도 흐려질 수 있게요.

"상심한 자들을 고치시며 그들의 상처를 싸매시는도다"
(시 147:3)라는 말씀처럼 하나님의 마음이 우리에게 담겨
누군가의 상처를 옅게 하는 도구로 사용되기를 기도합니다.

"하나님! 아픔 가운데 있는 누군가에게 마취 크림 같은
사람이 되게 해주세요."

누군가 고통을 겪을 때,
담담히 견딜 수 있게 돕는 마치 크림 같은
사람이 될 수 있으면 좋겠습니다.

# 베네치아
# 인생

물의 도시 베네치아에 갔을 때입니다. 사람들은 그곳을
아름답고 낭만적인 수상 도시라고 생각해요. 그러나 사실은
바다에 나무를 심고 118개의 섬을 만든 다음에 400개의
다리를 이어 만든 '자연에 역행하는 도시'라고 가이드가
설명해주었습니다.

그 이야기를 듣고 나니 제 모습과 닮았다는 생각이 들었어요.
저도 자연에 역행하는 치료를 받고 있었거든요. 보통 40-50대
여성들은 갱년기를 늦추거나 잘 보내기 위해 노력하는데
저는 오히려 그 시기를 앞당기는 치료를 받고 있었습니다.

사람마다 차이가 있으나 제 경우는 여성호르몬 과다로 암이 발병하여 그 호르몬을 억제해야 했지요. 그러나 암은 재발했고 또 한 번의 눈물과 땀을 흘리며 인생의 겨울을 겪었습니다.

파커 J. 파머는《삶이 내게 말을 걸어올 때》에서 겨울은 우리에게 훈계를 주는 계절이며, 겨울이 주는 최고의 선물은 투명함이라고 했습니다.

저 역시 분주함과 욕심이라는 잎사귀로 가려졌던 풍경이 걷히자 정신력보다 약한 나목 같은 제 몸 상태를 알 수 있었어요. 마음과 몸을 돌보지 않은 채 멈추지 못했던 제 모습 말입니다. 하지만 위기를 제 밑바닥을 들여다보는 소중한 기회로 삼기로 했습니다.

사실 베네치아는 이민족에게 쫓기던 롬바르디아 피난민 아버지들이 가족을 위해 만든 땅입니다. 나무가 물에 썩지 않게 기름칠하고 갯벌에 기둥을 박아 만든 도시였어요.

수많은 아버지의 눈물과 땀이 후손들이 웃으며 살 수 있는 땅을 만든 거죠. 제게는 가슴 한편이 먹먹하면서도 경이롭고

눈부시게 아름다운 땅으로 다가왔어요.

그동안 제 삶과 건강은 순리를 역행할 때가 많았으나
이제는 모두에게 기쁨을 주는 베네치아 같은 인생이 되기를
소망합니다. 제 눈물과 땀이 고스란히 담긴 삶과 그림이
누군가에게는 웃음을 줄 수 있기를 기도합니다.

눈물을 흘리며 씨를 뿌리는 자는 기쁨으로 거두리로다
시 126:5

네가

행복하기를 바라


못난 자신이 미워 어디론가 숨고 싶을 때가 있었습니다.
스무 살의 방황이라면 고마운 흔들림일 수도 있으나
마흔이 넘어 실수하고 넘어지며 세상을 배워가는
제 모습이 너무 힘들었어요.


마음에 들지 않아도 사람들 앞에서는 반달눈으로 웃어야 했고,
안개꽃처럼 누군가를 돋보이게 해주어야만 했습니다. 숨차게
힘들어도 언제나 혼자 아픔을 삭이면서 말입니다.


그런 상황에서 모두들 제가 버팀목이 되어야 한다고 했지요.
강한 자가 약한 자의 짐을 나누어 져야 한다면서요.

그런데 제 가슴에는 눈물이 흐르고 있었고, 누군가에게 기대며 위로받고 싶었습니다. 몸도 마음도 지칠 대로 지쳐 제 짐조차 들기에 버거운, 버틸 수 없는 시간이었지요.

그래도 잘 견디며 지내다가 어느 순간 감정이 복받쳐 오를 때가 있었습니다. 그때 "괜찮아, 잘해왔어. 이젠 네가 행복하기를 바라"라는 친구의 말 한마디가 얼마나 큰 힘과 위로가 되었는지 몰라요.

세상 모두가 내게만 책임을 요구하고 등 돌린 것 같을 때, 있는 모습 그대로의 부족한 나를 인정하고 내 마음의 소리에 한 발 앞으로 내디딜 수 있는 용기를 선물해주었지요.

친구에게 받은 위로는 인생의 소중한 경험이 되었습니다. 가슴에 눈물이 흐르지만 웃으며 삶의 무게를 견디는 누군가를 안아줄 수 있게 되었으니까요.

지친 걸음으로 집에 돌아가는 당신,
어디로 나아가야 할지 몰라 막막해하는 당신,
반복되는 실패로 낙심하고 있는 당신에게

이 말을 들려주고 싶습니다.

"괜찮아, 잘해왔어. 이젠 네가 행복하기를 바라."

"괜찮아, 잘해왔어.
이젠 네가 행복하기를 바라."

# 비극을 극복한
## 예술

"딸이 크면 친구가 되지만 아들이 크면 애인이 됩니다."

이 광고 카피처럼 저는 사랑하는 아들들과 가끔 설레는
여행을 갑니다. 암 수술을 한 후부터 아이들에게 엄마와의
추억을 많이 만들어주고, 더 넓은 세상을 보여주기 위해서요.

익숙한 공간을 떠나 새롭고 낯선 장소에서 아름다움을
발견하고는 아들들과 공감의 교집합을 만들고, 삶과 꿈을
이야기하곤 합니다.

일본에 갔을 때, 매력적이지는 않으나 울림이 큰 전시회에

가게 되었어요. 모리미술관 15주년 기념전인 '재난과 예술의 힘'이란 전시였습니다.

쓰나미와 지진, 원자력 발전소 폭발 등 사람들의 일상을 빼앗아간 비극적 재앙과 위기에서 회복을 위한 예술의 역할이 무엇인지 다룬 전시였지요.

그중에 투박하고 어설퍼 보이지만 고난을 극복하는 과정을 담은 한 드로잉 작품이 제 마음을 사로잡았습니다. 남편이 죽은 후 삶의 의미를 잃어 무기력증에 빠진 할머니가 손녀의 제안으로 그린 그림들이었지요.

예전에 할머니가 운영하던 가게에서 팔던 물건들을 그린 것인데, 책으로도 출판되었다고 합니다. 이를 계기로 할머니는 아픔을 극복하고 제2의 삶을 살게 되었다고 해요.

저 역시 고난의 계절에 그림이 숨구멍이었습니다. 고통의 길을 지나야만 보이는 풍경과 마음을 놓치지 않고 가슴에 담아 그린 그림들. 그렇기에 끔찍한 기억을 겸손한 자세로 받아들여 예술로 승화시킨 전시가 제게 의미 있게 다가왔지요.

어쩌면 산다는 건
각자의 세상을 여행하는 일인 듯해요.

어쩌면 산다는 건 각자의 세상을 여행하는 일인 듯해요.
기쁨도 있지만, 가끔 원하지 않는 고통도 당하지요.
누군가와 이별하기도 하고, 몸과 마음의 아픔과 시련을
만나기도 하면서요.

해변에 하얀 파도가 끊임없이 밀려오듯 우리 삶에는 크고
작은 일들이 반복적으로 다가옵니다. 지혜로운 사람은 인생의
고난을 기쁨의 예술로 승화시킵니다.

우리가 고난 당할 때 하나님은 피할 길을 주신다고 하셨는데
그 하나님과 함께하면 우리는 인생의 예술가가 되지 않을까요?

보라 내가 새 일을 행하리니 이제 나타낼 것이라
너희가 그것을 알지 못하겠느냐
반드시 내가 광야에 길을 사막에 강을 내리니
사 43:19

# 사랑의
# 흔적

하루는 친구와 소양강 근처 바람 부는 언덕을 찾았습니다.
친구가 강 건너편 산을 가리키며 말했어요

"산 아래를 봐. 초록 아래 황토색은 물이 가득 차 있다가 나간
자리야."

온통 초록으로 덮여있어야 할 산허리가 나무 한 그루 없이
황갈색 흙으로만 남아있었습니다. 산은 침묵하고 있었으나
머물다 간 물을 기억하고 있을 것 같았어요. 한참을 바라보다
친구에게 말했지요.

"물이 들어왔다 나간 자리도 저런 흔적이 남는데 사람이
들어왔다 나간 마음에는 얼마나 뚜렷한 흔적이 남을까?"

오직 물을 담아내느라 제 몸에 나무 한 그루, 초록 잎 하나
받아줄 수 없었던 산의 모습을 보니 제가 하나님을 등지고
떠나있던 시간이 떠올랐습니다.

하나님 품 안에 살다가 마음대로 떠나버린 저를 묵묵히
기다리셨던 그분의 마음이 느껴졌어요. 하나님은 제 생각과
고집대로 행동하는 저를 포기하지 않으셨습니다.
측은히 여겨 달려오셔서 목을 안고 입 맞추셨습니다.
그리고 서툴고 급하기만 한 아이 같은 저를 통해
일하고 계셨지요.

그날 "에녹이 하나님과 동행하더니 하나님이 그를
데려가시므로 세상에 있지 아니하였더라"(창 5:24)라는 말씀이
떠올랐습니다. 하나님께서 그와의 동행이 얼마나 좋으셨으면
데려가셨을까요? 에녹이 크고 대단하고 놀라운 사역을
한 것도 아닌데 말입니다.

수년 전, 친구들이 건강이 좋지 않은 제 체력을 키워준다며
함께 등산을 하자고 제안했어요. 그러나 계속 뒤처져 모두와
동행할 수 없던 저를 보고 한 친구가 제 속도에 맞추어
천천히 산을 올랐습니다. 하산할 때는 혼자 걸어 내려오지 못해
두 친구의 등에 번갈아 가며 업혀 내려왔어요.

에녹도 하나님과 뜻을 합하여 같은 목적지를 향해 똑같은
속도로 동행하지 않았을까요? 모두가 하나님을 떠난 그 시대에
그분과 300년간 같이 걸으며 하나님의 위로가 되었던 에녹!
저도 그저 하나님과 함께하며 그분을 기쁘시게 했던 에녹과
같은 삶을 살길 바라요.

"내가 사망의 음침한 골짜기로 다닐지라도 해를 두려워하지
않을 것은 주께서 나와 함께하심이라 주의 지팡이와 막대기가
나를 안위하시나이다"(시 23:4)라는 말씀처럼 밤낮으로
보호하시는 하나님과 함께 말입니다.

그날 저는 소양강변 바람 부는 언덕 위에서 이런 기도를
드렸습니다.

"하나님…, 이제는 들어왔다 나간 황갈색 흔적이 아닌
하나님과 늘 동행하는 모습으로 살기 원해요. 베푸신 사랑의
흔적을 가슴에 품고 푸른 물결 출렁이는 큰 강물이 되어
살게 해주세요."

# 깨끗한
# 부자

대학 시절, 수업 후에 카페에서 친구들과 시간을 보내고픈
작은 바람이 있었습니다. 늘 수업 후엔 미술 학원에서
아르바이트로 학비와 용돈을 벌어야 했기 때문이에요.

아르바이트가 끝나면 새벽까지 과제를 해서 장학금을 받아야
했습니다. 그렇게 모은 돈으로 서울 끝자락에 조그마한 화실을
시작했어요. 대학원 학비와 생활비를 마련하기 위해서였죠.

그때 시골에서 상경해 학비를 벌며 힘들게 공부하던 한
선배도 미술 학원을 시작했습니다. 먼저 그림을 그릴 수
있는 돈을 모은 후에 원하는 작품을 하고 싶다고 했어요.

그런데 수년 후, 그 선배는 목표보다 많은 돈을 벌어 건물주가 되었지만, 자꾸 욕심이 커져서 결국 그림에 대한 꿈을 접었습니다.

사람마다 생각이 다르겠지만, 그를 보며 '돈이 얼마나 있어야 자신의 꿈을 키우며 만족하며 살 수 있을까?' 생각해보게 되었어요. 돈은 그 자체가 나쁜 건 아니지만 사용 목적에 따라 각자에게 의미가 다를 것 같습니다.

물론 경건하면 모두 가난한 것도 부유하면 모두 축복받은 것도 아니겠지요. 깨끗한 부자가 되어 돈의 진정한 가치를 전달하며 현명하게 사용하는 게 중요할 것입니다. "네 보물 있는 그곳에는 네 마음도 있느니라"(마 6:21)라는 말씀처럼 돈의 사용 흔적을 보면 마음 상태를 알 수 있으니까요.

저는 어려운 가정 형편 덕에 수고하며 돈을 버는 태도와 그 재정을 조금씩 나누며 사는 삶을 배웠습니다. 또 얼마든지 풍요하게 살 수 있음에도 검소하게 사는 한 교수님의 삶을 통해서도 돈의 가치를 배웁니다.

그는 과시적 소비 대신 작업할 물감을 살 때 가장 행복하다고
말합니다. 그러면서도 어려운 학생들을 위해 수천만 원의
장학금을 전합니다. 재정으로 높은 울타리를 쌓는 게 아니라
이웃과 나누며 그들의 성장을 돕는 밑거름으로 삼지요.

그 교수님이 많은 재물을 소유한 부자여서가 아니라, 하나님과
이웃을 위해 재물을 흘려보내는 마음과 교양 그리고 시간을
돈보다 귀히 여기는 겸손한 인품 때문에 늘 존경하게 됩니다.

"어떠한 형편에든지 나는 자족하기를 배웠노니"(빌 4:11)라는
바울의 고백을 기억합니다. 그는 풍부한 중에도 갖지 않은 자처럼
겸손했고, 궁핍한 형편에도 나누고 베풀며 풍부의 날실과
궁핍의 씨실로 멋지게 삶의 태피스트리를 만들었지요.

바울처럼 자족하는 마음으로 풍부함 속에서 정결한 영혼으로
베풀고 나누며 궁핍함 속에서도 기죽지 않고 당당하게
살 수 있기를 기도합니다.

내가 두 가지 일을 주께 구하였사오니
내가 죽기 전에 내게 거절하지 마시옵소서

곧 헛된 것과 거짓말을 내게서 멀리 하옵시며

나를 가난하게도 마옵시고 부하게도 마옵시고

오직 필요한 양식으로 나를 먹이시옵소서

혹 내가 배불러서 하나님을 모른다 여호와가 누구냐 할까 하오며

혹 내가 가난하여 도둑질하고 내 하나님의 이름을 욕되게 할까

두려워함이니이다

잠 30:7-9

풍부의 날실과 궁핍의 씨실로
멋지게 삶의 태피스트리를 만들었지요.

# 파란만장의
# 기적들

얼마 전, 일본 여행 때 한 지인을 만났습니다. 고등학생 때부터
저를 지켜봐 온 분인데 지금은 목사님이 되어 청년 사역을
하고 계셨어요. 그분이 제게 말씀하셨습니다.

"평범한 삶은 아니네요. 예술가라 그런지 파란만장하군요."

지나온 날들을 돌이켜보니 정말 앞이 전혀 보이지 않는
두렵고 무서운 시간이었습니다. 암 수술과 사고, 사람에게
베이고 또 베인 상처들. 사납게 불던 광풍과 비바람,
높은 파도가 제 삶 굽이굽이에서 기다리고 있었지요.

하지만 그 시간 속에 하나님께서 함께하셔서 제 삶에
몰아치던 폭풍우가 멈추고 잔잔한 풍경이 찾아왔습니다.
요동치는 검은 바다 같던 순간들을 잊어버릴 만큼요.

저는 그때를 떠올리며 〈파란만장의 기적들〉이라는 제목으로
그림을 그렸습니다. 도화지의 3분의 2를 검푸른 파도로 덮고,
그 위에 작은 쪽배에 탄 제 모습을 그려 SNS에 올렸더니
한 친구가 보고 말했어요.

"무서운 파도 위에 작은 쪽배지만, 은혜의 파도를 타고 있네."

저는 친구에게 대답했어요.

"언젠가 파란만장한 파도가 나를 또 덮쳐도, 이전처럼
두렵지는 않을 거야. 성화(聖化)의 파도라는 걸 알기 때문이지."

누구나 인생에 앞이 막막한 시간이 있습니다. 어쩌면 지금,
당신도 역경과 시련의 파도 앞에 머물고 있을지 모릅니다.
이 찬양을 당신에게 보냅니다.

"거친 파도 날 향해 와도 주와 함께 날아오르리.
폭풍 가운데 나의 영혼 잠잠하게 주를 보리라."

# 유세베이아의 뜻을
## 아시나요?

막내 이모가 카톡으로 사진 한 장을 보내왔습니다. 모 병원에
걸린 제 그림을 만나 반갑다며 이모 지인이 보내준
사진이었어요. 그런데 사진을 확대해보니 제 그림은 맞는데
사인이 제 필체가 아닌 거예요. 그 병원에 그림을 판 적도 없었죠.

가끔 계약도 하지 않고 그림을 무단으로 사용하거나 제품을
만들어 파는 사람들이 있습니다. 너무 화나고 속상한 일이라
변호사에게 의뢰했어요.

"고양이에게 생선을 맡기셨네요. 아트 상품을 만드는 갤러리에서
판화를 찍어 작가님의 사인을 도용해서 판매했어요."

지난 7년간 제 그림으로 상품을 만들어 팔고 저작권료를
주었던 곳이어서 충격이 매우 컸습니다. 한 번은 교회에서
장애인 사역하는 분이 제 그림을 상품화하여 판매하고 싶다고
해서 허락했어요. 그런데 작업 비용도 받지 못해서
마음고생을 하기도 했습니다.

지인들이 "일로 사람을 만날 때는 의심하며 항상 경계하라"라고
조언했는데 무작정 신뢰하며 분별하지 못한 자신이
한심했어요. 그런 일을 겪고 난 후 성경을 읽다가
디모데후서 말씀에 눈길이 멈추었습니다.

"경건의 모양은 있으나 경건의 능력은 부인하니 이 같은
자들에게서 네가 돌아서라"(딤후 3:5).

'그렇죠? 하나님, 이제 그런 사람들에게서 돌아설래요'라며
스스로 위로했습니다. 그러다가 제 모습을 발견했어요.
경건의 능력은커녕 모양도 없는 제 옆에서 많은 사람이
떠나지 않고 기도해주었다는 걸 알게 되었습니다.
제게 실망할 수 있는 일들이 많았는데도요.

길을 잃었던 제 마음이 말씀으로 인해 제자리를 찾았습니다.
타인을 가리키던 원망의 손가락도 거두었지요.

설교 시간에 "경건"이 헬라어로 "유세베이아"라고
들었습니다. "좋은 두려움", "바람직한 두려움"이라는
뜻이라고 해요. 이는 우리를 불편하게 만드는 게 아니라
오히려 깨어있는 삶을 위한 유익한 도구라고 합니다.
즉 하나님의 은혜와 사랑을 체험한 자는 늘 깨어있는
삶을 살아야 한다는 거죠.

눈앞의 작은 이익 때문에 남을 속이는 경건하지 못한 자들의
어두운 그림자를 타산지석으로 삼아 좋은 두려움으로
살기를 기도합니다. 무엇보다 하나님께서 우리가 그런 삶을
살기를 가장 원하실 테니까요.

망령되고 허탄한 신화를 버리고 경건에 이르도록 네 자신을 연단하라
딤전 4:7

"좋은 두려움", "바람직한 두려움"
우리를 불편하게 만드는 게 아니라
오히려 깨어있는 삶을 위한 유익한 도구라고 합니다.

# 절대
# 포기하지 말아요

수년 전 제 그림을 홍보하기 위해 캐릭터 페어에 참가했을 때였습니다. 며칠간 진행되는 시끌시끌한 전시회였는데도 옆 부스의 한 작가는 작은 공간 안에 웅크리고 앉아 그림만 그리고 있었어요. 그는 부끄럼이 많아 보였죠.

제가 음료수를 건네며 먼저 말을 걸었어요. 그렇게 알게 된 그는 "누님! 누님!" 하며 저를 따랐고, 자기 이야기에 귀 기울여주는 제게 자신의 캐릭터로 애니메이션을 만들고 싶다는 꿈을 말해주었습니다.

어느 날 그가 몹시 지친 표정이기에 함께 교회에 가자고

했어요. 예배를 마치자 그는 목사님이 좋은 말씀을 해주셔서
마음이 좀 편해졌다고 했지요. 성도들과 잘 어울리지는
못했지만, 목사님의 살핌을 받으며 몇 달간 꾸준히 예배에
참석했어요.

하지만 그림으로는 생계가 어려워 생활비를 좀 모아놓고
작업을 해야겠다며 지방에 있는 직장에 취직했습니다.
이후 교회에도 나오지 못하게 되었어요.

6개월쯤 후 그가 제 작업실로 갑자기 찾아왔습니다.
다시 그림을 그리고 싶다고 했어요. 우리는 자주 만나서
작품 이야기를 나누자고 약속했습니다.

며칠 후 새벽, 그에게서 전화가 왔어요. 받아보니 그의
여동생이 흐느껴 울며 "오빠가 어젯밤 스스로 생을
마감했어요"라고 했습니다.

놀라서 장례식장으로 달려간 저는 또 한 번 놀라고 말았죠.
부모님과 남동생은 지적 장애인이고, 여동생은 친오빠에 대해
저보다 더 모르고 있었습니다.

"절대 너 자신을 스스로 포기하지 마.
너는 존재만으로도 아름답고
가치 있는 사람이라는 걸 잊으면 안 돼."

누구에게도 말하지 못하고 냉혹한 현실 문제를 스스로
해결하려다 좌절에 빠졌을 그를 생각하니 눈물이 나왔습니다.

'이런 상황인 줄 알았다면 조금 더 보살펴줬어야 했는데….'

그래서 요즘엔 후배들에게 이렇게 말합니다.

"절대 자신을 스스로 포기하지 마. 너는 존재만으로도
아름답고 가치 있는 사람이라는 걸 잊으면 안 돼."

밤이 지나면 반드시 아침이 오듯이 고난 뒤에는 분명히
기쁨도 온다고 믿어주세요. 우리의 문제보다 하나님이 크시니
사람의 생각으로 포기하지 않고 그분의 능력을 기대합니다.

너희는 여호와의 선하심을 맛보아 알지어다
그에게 피하는 자는 복이 있도다
시 34:8

# 상처와
# 회복

자폐아 어린이의 미술치료를 부탁받았습니다. 아이는 자신이
관심 있고 재미있어하는 분야는 백과사전보다 더 많이
알았어요.

그림을 그릴 때도 본인이 좋아하는 공룡과 나라에만
몰두했답니다. 그러나 사람에게 받은 상처 때문인지 그림
어디에도 사람이 없었어요. 아주 작게라도 말입니다.

자신만의 세계에 있는 아이와 그림을 통해 마음을 나누던
어느 날, 그가 긴 선과 반쯤 나온 동그라미를 그렸어요.
무엇을 그렸는지 물었더니 벽 뒤에 서 있는 사람이라고

했습니다. 그 작은 동그라미 사람 얼굴만으로도 얼마나
고마웠는지요. 아이는 마음의 상처 조각들을 조금씩
지워갔습니다.

사람은 혼자 살 수 없는 존재입니다. 동시에 누구나
사람들에게 받은 상처가 있어요. 수많은 인간관계, 특히
가까운 이들과 더 자주 상처를 주고받습니다. 그래서 상처받지
않기 위해 선을 그어 적당한 거리를 두거나 단호하게
거절하기도 하지만 때론 상처받을 용기도 필요하지요.

저와 협업하는 젊은 디자이너 중에도 사람에게 받은 상처가
많은 이들이 있습니다. 신용불량자, 알코올 중독 부모님을
대신해 어린 시절부터 가장이 된 디자이너, 치매인 부모님과
할머니까지 돌보는 후배, 아르바이트로 부모님 빚을 갚고
대학교 졸업 후에도 동생을 키우며 일하는 작가.
모두 어찌나 대견스럽고 예쁜지요.

피할 수 없는 인간관계나 끊을 수 없는 혈연관계에서
만들어진 상처로 어두컴컴한 동굴로 들어가면 자괴감과
절망감에 갇힐 수 있습니다. 그러나 슬픔과 어려움을

이겨내며 주체적인 삶을 위해 노력하는 이들을 보면
저도 감동해 힘찬 응원을 보냅니다.

날카로운 칼에 손가락이 베여도 며칠 후면 벌어진 피부가
본래대로 붙습니다. 이런 자가 치료는 끊어졌던 가까운
분자들이 서로를 끌어당기는 힘 때문에 이루어진다고 해요.

이처럼 가족이나 친구들의 사랑은 선택의 여지가 없는,
이미 결정된 관계 속에서 절망이 몰려올 때 마음의 상처를
치료하는 힘이 될 거예요.

가까운 분자들의 협력으로 상처가 회복되고 힘을 얻듯이
다정한 말 한마디, 따스한 눈길 한 번으로도 얼마든지
무너진 마음이 회복될 수 있습니다.

여호와의 말씀이니라 너희를 향한 나의 생각을 내가 아나니
평안이요 재앙이 아니라 너희에게 미래와 희망을 주는 것이니라
렘 29:11

# 혼자가 아닌
# 그대

며칠 전 치과에 스케일링하러 갔다가 어금니 한 개를
뺐습니다. 10년 전에 치료한 치아인데 의사 선생님이
흔들린다며 치료보다는 발치를 권했어요.

어금니의 흔들림이 너무 심해서 옆의 건강한 치아의 기능까지
죽이고 있다고 했지요. 이를 뽑고 나서 지혈을 위해 두 시간이
넘게 솜을 꽉 물고 있었어요.  그러다 이런 생각이
떠올랐습니다.

'내가 흔들리면 주변 사람들까지 흔들리겠구나.'

주변의 건강한 치아까지 상하게 하던 아픈 어금니처럼 말이죠.

'나를 위해서도 흔들리지 않아야겠지만, 내 곁에 붙여주신
지체들을 위해서라도 견고히 서야겠구나.'

그동안 흔들리지 않고 스스로 잘 견디며 서 있었다고
생각했는데 실상은 그러지 못했습니다. 하나님께서 마른
풀잎처럼 요동치는 저를 위해 삶에 바람이 불 때마다 든든한
나무 같은 지체들을 붙여주셨음을 많은 고난을 겪고 위로를
받은 후에야 알게 되었습니다.

늘 기도와 응원으로 든든하게 제 곁을 지킨 지체들 덕분에
크게 흔들리지 않고 서 있을 수 있었어요. 우리는 엄마의
사랑이 없으면 한순간도 살 수 없는 갓난아기들처럼
혼자서는 살 수 없는 연약한 존재입니다.

하지만 가족과 친구, 보이지 않는 기도의 손길이 우리를
바로 서게 해주지요. 우리는 절대 혼자가 아닙니다.
서로 기대어 힘을 주고받는 사랑의 공동체입니다.

"오직 여러 지체가 서로 같이 돌보게 하셨느니라"(고전 12:25)라는
말씀처럼 먼저 자신이 바로 서기 위해 노력하고, 나아가
누군가를 돌보는 기쁨도 누리길 기도합니다.

영원히 함께하며 지켜준다고 우리에게 약속하신 분은
신실하시니 흔들리지 말고 소망을 품으며 같이 자라가기로 해요.

서로 돌아보아 사랑과 선행을 격려하며
히 10:24

요나의 길을
걸으며

저는 중학교 3학년 때 친구 따라 교회에 나가기 시작했습니다.
ROTC(학군단)였던 담임선생님의 열정적인 헌신 덕분에
예배와 성경 공부를 통해 하나님을 알아갔어요.

선생님의 권유로 고등학생 때 교회 주보에 만화를 연재하며
제 첫 달란트를 드렸습니다. 대학부 때는 찬양 예배와 문학의
밤 같은 교회 행사에 무대 장식 등을 맡아 섬겼지요. 전공이
미술이다 보니 교회 신문에 실릴 그림, 포스터 디자인, 선교 후기
책 만들기 등이 제가 해야 할 헌신이었어요.

그 후 한 장로님의 권유로 새가족 사역에 참여했습니다.

교회에 처음 오는 이들을 섬기는 일이어서 더 상냥하게
그들을 대하며 배려해야 했어요. 섬기며 기쁘기도 했으나
많은 일로 지쳤던 터라 모든 봉사를 내려놓게 되었어요.

그러다가 작가 모임에서 한 개척교회 목사님을 알게 됐습니다.
늘 대형교회만 다니다가 만난 작은 개척교회는 또 다른
풍경이었어요. 지하 교회라서 곰팡이가 슬고, 비가 오면
물이 차서 친구 부부를 불러 함께 물을 퍼내기도 했어요.
그러다가 목사님의 부탁으로 자비량 문화 간사로 섬겼습니다.

그 교회에서도 주일학교 미술 선생님, 새가족 사역, 디자인
작업 등을 하게 되었지요. 그런 제게 목사님이 "간사님은
'요나'인가 봅니다. 다시스로 도망가려고 했는데 결국
개척교회에서 헌신하고 있으니 말입니다"라고 하셔서
웃음이 터졌던 기억이 납니다.

하나님께서 박 넝쿨과 벌레와 동풍을 준비해 요나를
설득하셨던 것처럼 저를 위해 작은 교회를 예비하셨어요.
물 흐르듯 흘러가는 3년 동안 제가 경험한 모든 걸 연결해
선을 이루시는 하나님의 역사를 경험했습니다.

그 덕분에 저는 성공과 성장으로 표현되는 화려하고
큰 교회뿐 아니라 작은 교회도 똑같이 소중함을 알았습니다.
작고 낮은 교회에서 무릎으로 섬기는 사역자들의 마음을
알 수 있었습니다.

지금도 가족 같은 공동체를 꿈꾸며 찾아오는 한 사람에 가슴 뛰는
개척교회 사역자분들과 교회를 세워가는 아름다운 지체들을
응원하며 기도합니다.

그가 어떤 사람은 사도로, 어떤 사람은 선지자로,
어떤 사람은 복음 전하는 자로, 어떤 사람은 목사와 교사로
삼으셨으니 이는 성도를 온전하게 하여
봉사의 일을 하게 하며 그리스도의 몸을 세우려 하심이라
엡 4:11,12

# 숲에서 들은
# 하나님 음성

당신은 몸이 지치고 마음이 쉬고 싶을 때 어디에서 무엇을
하나요? 저는 세상의 여러 소리에 지친 마음을 토닥이기 위해
가끔 경기도 가평의 한 기도처를 찾아갑니다.

헨리 나우웬이 "기도는 하나님을 향하여 온통 귀가 되는
것이다"라고 한 말을 기억하며, 그곳에서 보여주신 풍경을
통해 보물 찾기 하듯 하나님의 마음을 읽습니다.

나무에 달린 푯말 하나까지도 제게는 하나님의 음성으로
들렸습니다. 또 사람을 무서워하지 않고 제게 다가온
작은 다람쥐를 통해 그분이 "두려워하지 말라"라고

나지막하게 말씀하시는 것 같았어요.

안식처라고 적힌 '뿔라의 땅'을 걸을 때는 "여리고보다 단단한 너 자신의 모습을 보고 힘들어하지 말고 소망을 품고 발을 내디디렴. 그러면 그곳이 은혜롭고 복된 땅이 될 거야"라고 위로하시는 하나님의 마음이 느껴졌습니다.

'비움의 테라스, 채움의 가든'에서는 단단한 디딤돌 사이 피어난 작은 초록 잎을 통해 "골리앗같이 거대하고 단단한 세상에서도 너는 생명으로 피어날 거야"라는 격려가 들리는 듯했지요.

아람어로 아빠, 엄마라는 뜻인 '압바 암마 카페'에서는 "자라나서 영적 리더로 세워지렴!" 하며 세워주시는 하나님을 만나기도 합니다.

"너는 아직 많이 부족하고, 가진 것도 없고, 변변한 세상의 인맥도 없잖아"라며 자신의 경험과 이야기를 정답처럼 제게 말하던 많은 이의 목소리가 일순간에 모두 지워지는 경험도 했습니다.

하나님의 음성을 듣고, 그분의 뜻을 알고,
그분의 언어와 방법대로 고백하고
선포하며 살아내는 게 어렵게 느껴지지만,
오병이어의 기적은 계속될 거예요.

또한 그곳 갤러리에서 한 점의 그림을 볼 때, 이런 마음이
들었습니다.

'하나님의 음성을 듣고, 그분의 뜻을 알고, 그분의 언어와
방법대로 고백하고 선포하며 살아내는 게 어렵게 느껴지지만,
오병이어의 기적은 계속될 거예요. 제 안에 계신 분이 세상
그 누구보다 위대하시기에 그분의 기적을 기대합니다.'

밤늦은 시간, 집으로 돌아오는 차 안에서 기도했습니다.

"하나님! 제가 은혜의 눈으로 세상을 보며, 그 자리에서
은혜를 놓치지 않고 글과 그림으로 드러내는 당신의 도구가
되길 원합니다."

# 진정성의
# 열매

사람을 만나 대화 중에 공통점을 알게 되면 마음이 열립니다.
저는 따스함과 진실함이 느껴지면 마음을 활짝 열게 돼요.
무엇보다 진심과 배려가 통하고 사랑이 전해질 때 그렇습니다.

"누군가를 주인공으로 만들고, 행복하게 해주는 일이 우리의
작업이에요. 시든 그림이든 상관없어요."

한 시인과 이야기를 나누다 저와 같은 생각이란 걸 알고
참 기뻤습니다.

진정성이 담긴 작업도 사람들의 마음을 움직입니다.

노래 실력이 뛰어나지 않아도 감동을 주는 가수가 있고,
잘 그리진 못해도 마음에 와닿는 작품을 그리는 화가가
있습니다. 내면의 진실함을 노래나 글, 그림, 말에 담아
전하면 누군가는 그것에 감동해 인생의 큰 전환점을
맞기도 합니다.

뉴욕과 피닉스에서 일하는 사진작가 밥 캐리는 아내 린다가
유방암 선고를 받자 분홍색 발레복(튀튀)을 입고 전국을
돌아다니며 사진을 찍기 시작했습니다. 그는 이를 '튀튀
프로젝트'라고 불렀지요. 아내의 고통을 조금이라도 덜고
웃음을 주기 위해서였어요.

그의 아내는 항암치료 전 남편의 사진을 보며 웃는 순간을
즐겼습니다. 두 사람의 이야기는 동영상으로 제작돼
많은 이에게 감동을 주었어요. 또 많은 사람이 그 프로젝트에
동참하여 조성된 기부금으로 암 환자를 돕고 있습니다.

그 사연은 유방암 환자인 제 마음도 흔들어 놓았어요.
누군가를 진심으로 사랑하는 마음과 헌신은 보는 이의
생각을 바꾸는 힘이 있습니다.

하나님께서도 우리를 향한 사랑을 이론이 아닌 십자가
위에서의 진정한 실천으로 보여주셨습니다. 진정성이 담긴
행동만이 아름다운 열매를 많이 맺지요. 우리가 함께
그 열매를 맛보기를 기도합니다.

자녀들아 우리가 말과 혀로만 사랑하지 말고
행함과 진실함으로 하자

요일 3:18

누군가를 진심으로 사랑하는 마음과 헌신은
보는 이의 생각을 바꾸는 힘이 있습니다.

# 당신을
# 응원합니다

혹시 스포츠를 좋아하나요? 저는 운동에는 전혀 취미가
없었어요. 축구와 야구가 몇 명이 하는 경기인지도
몰랐습니다. 경기보다는 어느 팀의 유니폼 디자인이 더
멋진지가 제 관심사였지요.

그런데 문화 사역을 하면서 야구선수였던 한 청년을 알게
되었어요. 그와 함께 아이들과 테니스 공으로 야구를 하면서
스포츠의 재미를 알게 되었습니다.

덕분에 야구장에도 가보았는데 응원 열기가 대단했습니다.
어떤 경기든 홈팀(home team)이 유리하다고 들었어요.

그 이유는 홈팀이 경기장에 익숙해서 혹은 원정팀이 멀리
와서 피곤하기 때문이 아니랍니다.

경기에 가장 큰 영향을 주는 건 관중이라고 해요. 심지어
심판이 홈팀의 응원 관중을 의식해서 유리한 판정을
내리기도 한답니다.

"빠른 경주자들이라고 선착하는 것이 아니며 용사들이라고
전쟁에 승리하는 것이 아니며"(전 9:11)라는 말씀처럼
제가 이겼던 삶의 모든 경기도 제 노력만으로 된 게 아님을
알게 됐지요.

사람들은 제가 의연하고 담대하게 큰 병을 견뎠다고 말하지만,
제 가슴이 도려내지는 아픔에 함께 울며 기도해준 이들이
있었어요. 유방암 수술 후에 사라진 한쪽 가슴이 저를 따뜻한
사랑으로 응원해주었던 이들로 채워졌습니다.

하나님께서 제게 돕는 자들을 붙여주셨던 거예요.
제가 받았던 그 응원을 그림에 고스란히 담아 깃발을 흔들며
응원하는 아이들을 그렸습니다.

일방적인 게 아닌 서로에게 힘이 되어주는 응원 말입니다.
"항상 네 편이야! 맹세!"라는 응원도 제가 만든 이모티콘에
그려 넣었어요.

오늘이 힘들고 내일이 두려운 우리에게 서로의 응원만큼
힘이 되는 건 없을 거예요. 저도 큰 목소리로 응원을 보냅니다.

"있는 그대로 참 소중한 사람, 당신을 뜨겁게 응원합니다."

"있는 그대로 참 소중한 사람,
당신을 뜨겁게 응원합니다."

함께하는
하나님나라

저는 약속 장소로 주로 서점을 택합니다. 미리 서점에 도착해
분야별 신간과 사람들이 어떤 책을 좋아하는지 둘러봐요.
책을 사는 데는 인색하지 않아서 관심 있는 책은 소장해서
읽곤 합니다.

일본 출장을 갈 때는 그림책 서점 '크레용하우스'에 꼭
들릅니다. 제 직업 때문이기도 하지만, 철학적이면서도
뭉클하고 재미있는 이야기가 담긴 그림책을 좋아하기
때문이에요.

그림책은 아이들뿐 아니라 어른을 위한 책이기도 해요.

저는 창작 그림책을 통해 '하나님나라'를 이야기하고
싶었습니다. 그동안 작업한 《줄넘기 나라》, 《숨바꼭질 나라》,
《색깔 나라》에는 직접적인 신앙 이야기는 없지만,
놀이와 교육에 공동체 이야기를 녹여냈습니다.

《줄넘기 나라》는 누나와 동물 친구들이 전래동요에 맞추어
줄넘기 놀이를 하는 이야기입니다. 모두 잘했는데, 마지막에
막내 꼬마가 줄에 걸려 넘어져 놀이가 멈추지요.

꼬마는 자신이 못하는 걸 인정하며 "미안해"라고 하고, 동물
친구와 누나는 "괜찮다"라며 꼬마를 토닥여줍니다. 그리고
함께할 수 있는 기차놀이로 바꾸어 모두가 신나게 놉니다.

약한 자는 자신의 실수와 약점을 숨기지 않고 인정하며,
강한 자는 약한 자를 도와 모두가 행복한 '하나님나라'
이야기를 전하려고 했지요.

기러기들이 수십 마리씩 줄지어 'V'자를 만들며 질서
있게 날아가는 걸 본 적 있나요? 함께 날면 혼자 날 때보다
70퍼센트 이상 더 길게 비행할 수 있다고 합니다.

선두에 있는 새가 제일 힘들기에 뒤따라오는 기러기들이
격려하는 소리를 낸다고 해요. 그러다가 선두의 새가 지치면
그다음 새가 앞장선다고 합니다.

세상은 약한 자를 밟고 올라가 경쟁에서 이겨야 한다고 하고,
또 실수와 약점을 드러내면 무시하고 정죄하거나 판단하니
숨기라고 말합니다. 그러나 기러기의 비행처럼 어려운 일을
함께 나누고 격려하면 큰일을 할 수 있습니다.

하나님의 나라는 먹는 것과 마시는 것이 아니요
오직 성령 안에 있는 의와 평강과 희락이라
이로써 그리스도를 섬기는 자는
하나님을 기쁘시게 하며 사람에게도 칭찬을 받느니라
그러므로 우리가 화평의 일과 서로 덕을 세우는 일을 힘쓰나니

롬 14:17-19

약한 자는 자신의 실수와 약점을 숨기지 않고 인정하며,
강한 자는 약한 자를 도와 모두가 행복한 '하나님나라'

# 열등감
## 털어내기

어렸을 때 엄마가 제게 시계 보는 법을 가르쳐주셨는데
뒤에서 지켜보던 남동생이 먼저 배웠습니다. 그때부터 '나는
머리가 나쁘다'라는 열등감이 저를 더 오래 책상 앞에 앉아있게
만들었어요. 어른이 된 지금, 거의 일주일 내내 책상 앞에 앉아
작업할 수 있는 건 그 덕분인 듯합니다.

대학 시절 미대생이었던 저는 체대생으로 오해받은 적도
있었어요. 빈약한 상체와 달리 하체가 튼실했기 때문이죠.
그래서 짧은 치마나 바지를 못 입고 다리를 충분히 가릴 수 있는
긴 치마만 입고 다녔어요.

제가 "동에 번쩍, 서에 번쩍" 움직인다며 '번쩍 걸'이라고
부르던 한 선생님이 "임 작가가 역동적으로 일할 수 있는 건
튼튼한 하체 덕분이야"라고 해주었지만 단지 저를 위로하기
위한 말이라고 생각했습니다. 그러나 아프고 나서야 튼튼한
두 다리로 다시 뛰어다닐 수 있음에 감사했어요.

한편 목소리도 톡톡 튀는 밝은 소리가 아니라 힘없는
소리여서 '꾀꼬리 같은 목소리는 내겐 없구나'라고
생각했습니다. 그런데 극동방송에서 〈너를 만나 행복해〉라는
코너를 맡으면서 생각지도 못한 이야기를 들었습니다.

제 목소리가 차분하고 따뜻해서 방송에 어울린다고 했어요.
그 후에도 방송 인터뷰를 할 때마다 목소리가 좋다는
이야기를 들었습니다.

누군가 제 모습을 다시 해석하고 인정해주니 조금씩
나를 존중하는 마음이 생겼어요. 만족스럽지 못했던
자신을 보호하며 잘 해낼 수 있다고 믿어주기 시작했지요.
나를 누르던 열등감을 버리고 다른 장점을 키우면서요.

세상 모든 사람의 기대를 충족할 만큼 완벽하게 갖춘 사람은 없습니다. 비교적 완벽해 보이는 사람도 알고 보면 많은 단점이 있어요. 우리가 잘 모를 뿐입니다.

자신의 단점이 더 커 보이는 이유는 자신을 너무 잘 알기 때문일 거예요. 부족한 점이 보여도 스스로 위로하면 좋겠습니다.

"나는 알고 보면 장점이 많은 멋진 사람이야. 나답게 즐겁게 살아갈 거야."

"나는 알고 보면 장점이 많은 멋진 사람이야.
나답게 즐겁게 살아갈 거야."

# 빛과 그림자로
# 만든 그림

미술대학 입시를 치를 때 실기 과목 중 하나가 석고
소묘였습니다. 석고 소묘는 빛의 방향에 따라 명암과
그림자가 달라집니다. 깊이감과 입체감에 따라 석고의 특징이
잘 나타나기에 무엇보다 빛이 중요하지요. 빛과 그림자가
모두 어우러져 하나의 그림이 만들어지니까요.

빛이 있기에 그림자도 있습니다. 물론 그림자는 항상 빛의
반대편에 존재하지요. 인생에도 빛과 그림자가 공존합니다.
행복이라는 빛과 불행이라는 어둠이 있어요. 둘 다 인생이라는
작품을 만드는 중요한 재료라고 생각합니다.

모세는 최상의 위치에서 최고의 교육을 받으며 스스로 대단한 사람이라고 믿고 40년을 지냈습니다. 그러다 어두운 광야에서 40년을 보냈고, 마지막 40년은 하나님의 인도하심을 믿고 순종하며 살았습니다.

뜻밖의 사건으로 광야에 던져져 인내의 세월을 보낸 모세와 같이 우리도 자신이 원하는 환경이 아닌 상태에 놓일 때가 있습니다. 그러나 빛과 그림자로 아름다운 작품을 만드시는 하나님의 선하심이 분명히 있다고 믿어요.

한여름 밤을 아름답게 수놓은 반딧불이를 본 적 있을 거예요. 반디 또는 개똥벌레라고도 불리는 조그만 곤충의 꽁무니에서 내는 작은 빛은 밤하늘 별빛과 어우러져 환상적인 풍경을 그려냅니다. 주님이 함께하시면 우리도 어두움에 눌리지 않고 자신만의 작은 빛을 발할 수 있습니다.

"인내를 온전히 이루라 이는 너희로 온전하고 구비하여 조금도 부족함이 없게 하려 함이라"(약 1:4)라는 말씀을 붙들고 기쁨 가운데 자족하며 평안함에 머물기를 기도합니다.

주님이 함께하시면
우리도 어두움에 눌리지 않고
자신만의 작은 빛을 발할 수 있습니다.

모든 지킬 만한 것 중에 더욱 네 마음을 지키라

생명의 근원이 이에서 남이니라

잠 4:23

# 함께해서 행복해

3부

따뜻한
밥 한 그릇

어렸을 때 밥알을 세면서 깨작깨작 먹는다고 혼난 적이
많았어요. 편식이 심하고 조금이라도 억지로 먹으면 토해서
어머니가 신경을 많이 쓰셨지요.

어른이 되어서는 바쁘다는 이유로 인스턴트 음식이나
배달음식으로 끼니를 대충 때우기도 했어요. 그런데 나이가
들고 큰 수술을 받은 후에는 식습관의 중요성과 먹는
즐거움을 알았습니다. 좋은 사람들과 함께 건강하고 맛있는
음식을 먹을 때 참 행복하더군요.

혹 기억에 남는 특별한 식사가 있나요? 누구와 함께한

자리였나요? 저는 전망이 멋진 곳에서 예쁜 그릇에 담긴 예술 작품 같은 요리와 최상의 서비스로 대접받았던 것도 떠오르지만 한 외국인과의 식사가 더 기억에 남습니다.

포장마차에서 파는 떡볶이를 사러 갔다가 우연히 그를 만났습니다. 그는 외국인 노동자였고 한국말을 제법 잘했어요. 공장에서 일하며 고국의 가족들에게 돈을 보낸다고 했습니다. 그러나 그는 한눈에 보아도 아픈 사람 같았어요. 그에게 병원에서 다문화 사역을 하시는 교회 집사님을 소개해주었습니다.

문득 오래전 미국에 머물 때 입덧으로 고생하던 저를 위해 정성스레 식사를 준비했던 한 자매가 떠올랐어요. 그래서 저도 그를 집으로 초대해 음식을 대접했습니다.

두 아들과 함께한 저녁 식사 메뉴는 흔한 가정식 집밥이었어요. 따스한 밥을 짓고 소고기미역국을 끓이고 하얀 그릇에 정갈하게 반찬을 담았습니다. 그런데 그가 자신 앞에 놓인 쇠젓가락을 사용해도 되냐고 물었습니다. 공장에서는 식사할 때 모두 쇠젓가락을 쓰고 자기에게만

나무젓가락을 주었답니다. 그래서 자기에게 쇠젓가락을
준 것만으로도 존중받는 느낌을 받았다며 감동했습니다.

음식은 사람들과 정을 나눌 수 있는 통로입니다. 대단한
만찬은 아니어도 그와 함께 먹으며 친밀해지고 대화하면서
가까워질 수 있었습니다.

문득 어린 시절, 구운 생선 살을 발라 밥 위에 올려주시던
할머니의 손길이 떠올랐습니다. 평범한 날들을 행복으로
완성해준 소박한 식사였지요.

평범하지만 가슴 따뜻해지는 식사, 아이들이 어른이 되었을 때
미소 지을 수 있는 추억의 식사를 준비해보세요.

"하나님! 따뜻한 밥 한 공기에 사랑을 담아 누군가에게는
힘이 되는 따스하고 특별한 식사를 나누기 원합니다. 더불어
나누는 음식을 통해 행복한 추억을 만들고, 사랑을 먹고
마시는 우리 가족과 공동체가 되게 해주세요. 아멘."

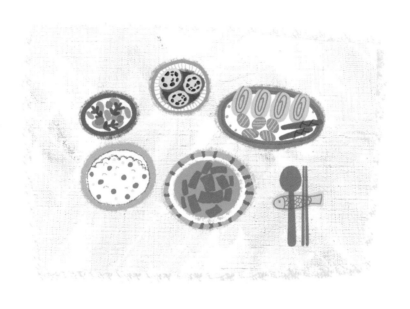

"하나님! 따뜻한 밥 한 공기에
사랑을 담아 누군가에게는 힘이 되는
따스하고 특별한 식사를 나누기 원합니다."

# 버림과
# 채움

저는 청소와 정리 정돈을 좋아합니다. 수납 정리 컨설턴트를
해도 되겠다는 이야기를 들을 정도지요. 친구나 지인의
집에 가서도 눈에 거슬리는 짐을 정리해줍니다.

머무는 공간이 깨끗하고 물건들이 제자리에 있으면 기분이
좋아지고 안정감을 느끼기 때문이죠. 식사 후 설거지도 절대
미루지 않고 주방도 늘 반짝거릴 정도로 해놓습니다. 깨끗하고
정리가 되어야만 일이 잘되기에 청소 후에 일을 시작해요.

종류와 색깔을 맞추어 가지런히 정리하고 불필요한 건
잘 버리기도 하죠. 가끔 작업 중인 파일도 너무 빨리 버려서

후회할 때가 있긴 합니다.

그런데 제 마음을 청소하고 정리하는 일은 참 어렵고
힘들어요. 아직도 버리지 못하는 해묵은 감정과 기억이 있으니
말입니다.

예전에 본 드라마에서 꼬마 아이가 심장 이식 수술을
받았습니다. 의사가 아이 옆에서 밤새 지켜보다가 소변이
나오자 뛸 듯이 기뻐했습니다. 소변이 나와야 수술이 잘
되었다는 걸 알 수 있다면서요.

그래서 '새로 생명을 얻었다는 건, 생명이 있다는 건 버려야 할
걸 잘 버리는 거구나'라고 생각했습니다. 예수님의 새 생명을
받은 저는 잘 버리고 있는지 생각해보았습니다. 그러지 못하고
있다면 심장 이식 수술이 잘못되었다는 게 아닐까요.

암 수술을 앞둔 제게 큰 위로와 격려를 해주셨던 하덕규
목사님은 자신의 마음을 이렇게 노래했지요.

내 속엔 내가 너무도 많아 당신의 쉴 곳 없네
내 속엔 헛된 바램들로 당신의 편할 곳 없네

내 속엔 내가 어쩔 수 없는 어둠
당신의 쉴 자리를 뺏고
내 속엔 내가 이길 수 없는 슬픔
무성한 가시나무 숲 같네

저도 가끔 이 노래를 부르며 욕심으로 가득 찬 자신을
돌아보곤 합니다. 그러나 이젠 이렇게 기도합니다.

"주님만을 제 안에 가득 채우기 원합니다. 제 마음에 오셔서
주인 되시고 저를 다스려주세요."

교만, 비방, 무정함, 원통함, 감사하지 않음, 미움, 용서하지
않음…. 내 안에 필요 없는 것들이 버려지는지
기다리시는 하나님의 마음을 봅니다. 이에 순종하는 저를 보며
떨 듯이 기뻐하실 그분의 미소가 그려집니다.

그리스도 예수를 아는 지식이 가장 고상하기에 예수를 위해

모든 것을 배설물로 여긴다는 바울의 고백처럼(빌 3:8)
조종, 강요, 집착, 소유, 고집, 내가 원하는 시간 등
마음속에 버려야 할 걸 잘 버리는 바울과 같은
인생이 되기를 기도합니다.

교만, 비방, 무정함, 원통함, 감사하지 않음,
미움, 용서하지 않음….
내 안에 필요 없는 것들이 버려지는지
기다리시는 하나님의 마음을 봅니다.

# 미소를 만드는
## 따스함

그림작가들은 새벽형보다는 올빼미형이 많습니다. 저 역시
집중이 잘 되는 밤에 작업을 많이 합니다. 때로 밤샘 작업을
할 때면 따스한 차를 자주 마시곤 해요. 책상에 앉아
작업을 오래 하다 보면 움직임이 적어 체온이 떨어져 추위를
많이 느끼기 때문이지요.

어떤 때는 너무 추워서 반신욕을 하기도 해요. 제가 다른
사람에 비해 손발이 차다는 걸 안 지인이 족욕기를
선물하기도 했습니다. 체온이 떨어지면 면역력이 약해지고,
정상 체온보다 낮거나 높아도 건강에 문제가 생긴다고 해요.

기계도 이와 같다고 느낀 적이 있어요. 냉장고가 오래되어
냉동실에 둔 아이스크림이 다 녹을 정도가 되었어요.
한 번 수리했는데도 나아지지 않고 제 역할을 못한 채
커다란 덩치로 자리만 차지하고 있어서 서비스센터에 다시
의뢰했어요. 기사가 와서 수리를 마친 후 말했어요.

"여기에 손을 대보세요. 이제 따뜻하죠? 사람도 죽으면 체온이
떨어져 차가워지잖아요. 기계도 죽으면 차갑고, 살아나면
따스해요."

살아서 생명이 있다면 따뜻함이 있다는 생각이 들었습니다.
온기는 생명을 소생케 하는 사랑이며 희망의 온도입니다.

암탉이 알을 품을 때, 그냥 품는 게 아니라 21일 동안 알을
번갈아 가면서 품는다고 해요. 때가 되면 암탉이 품은 모든
알에서 병아리가 태어나게 말이지요.

암탉의 품과 날개는 따뜻합니다. 부화한 후에도 암탉은
병아리를 자신의 날개 아래 품고 사랑으로 보호합니다.
이 따뜻함이 생생하게 느껴지는 단어가 바로 '엄마'입니다.

몸도 마음도 녹일 수 있는 봄 같은 아주 포근한 말입니다.

제 엄마는 어려운 형편에도 그림을 그리고 싶어 하는 딸의
꿈을 응원해주기 위해 보따리 장사를 하며 학원비를 주시고,
고통의 파도가 치는 제 인생의 선택도 믿어주셨습니다.
암 투병 중일 때도 엄마의 손길이 담긴 음식들로 제 몸이
회복되었습니다.

세상 모든 어머니의 사랑만큼 따스한 것이 있을까요?
저도 아이가 태어나면서 '엄마'라는 이름표를 달게
되었습니다. 아이를 품에 안고 체온이 담긴 젖을 먹이며
아기와 눈을 맞추면서 서툴지만 엄마가 되어갔지요.

천둥소리도 듣지 못하고 잠자던 제가 갓난아기의 작은
울음소리에도 깨어 아기를 돌보면서 엄마의 마음과 사랑을
알아갔습니다.

지금은 아이들 덕분에 제 마음이 늘 따뜻하고 얼굴엔 미소가
가득해요. 이 따뜻함이 하나님께서 가르쳐주신 사랑의
마음이 아닐까요?

우리 모두 엄마의 심장 소리를 듣고 느꼈던 따뜻함을
마음이 차갑게 식어버린 사람들과 나누었으면 좋겠습니다.

"하나님! 오늘 저와 만나는 모든 사람에게 따뜻함을 나누고,
그들이 저로 인해 잠시라도 미소 지을 수 있게 도와주세요."

# 생명은
# 자라는 거야

생명이 주는 기쁨만큼 큰 건 없습니다. 저도 첫아이를 가졌을
때 얼마나 기뻤는지요. 보이진 않으나 제 안에 새 생명이
생겼다는 사실이 감사하기만 했습니다.

어느 날 병원에 정기검진을 받으러 갔는데 태아가 성장을
멈췄다고 했어요. 아기가 생기면 당연히 자라는 줄 알았는데
그렇지 않았습니다.

혹시 아기가 다시 자라지 않을까 싶어 저는 수술을 미루고
일주일만 더 지켜보겠다고 했어요. 성장이 멈춘 태아를
배 속에 품고 다시 자라기를 간절히 기도했습니다.

하지만 일주일이 되기도 전에 저는 응급실로 실려 갔고, 아기는 저를 떠났습니다. 그때 자라지 않는 자녀를 보는 부모의 마음이 얼마나 안타깝고 아픈지 절실히 경험했어요. 성장을 멈춘 태아의 모습이 실은 당시 제 모습임을 깨달았습니다.

'벌써 청년이 되어야 하는데, 처음 하나님을 만났을 때 그대로 아기 모습인 날 보며 하나님이 얼마나 안타까워하셨을까?'

생명이 하나님께 있고, 생명은 성장해야 함을 알게 하신 후에 주님은 제게 다시 새 생명을 주셨어요. 까만 초음파 사진에 하얀 점이 아기라니, 정말 생명은 신기했습니다.

배 속에서 조금씩 자라며 꿈틀거리는 아기를 보며 알게 되었어요. 생명은 꼭 자라야 하고, 자라는 생명을 지켜보는 기쁨이 말할 수 없이 크다는 걸요.

그래서 하나님 앞에 자라고 싶은 제 마음을 〈나는 꿈나무예요〉라는 제목의 그림으로 표현했어요. 몇 개의 작은 나뭇잎을 지닌 가냘픈 나무지만 자라서 새들도 쉬어 가고,

시원한 그늘을 만들어 누군가에게 쉼을 줄 수 있으면
좋겠다는 마음을 담았습니다.

그림에 담긴 소원처럼 우리 모두 자라서 하나님께는 기쁨이
되고, 누군가에게는 쉼을 주면 좋겠어요. 그 바람을 담아
그림을 그리며 늘 기도합니다.

"하나님! 쉼을 주는 그늘 넓은 느티나무처럼 자라게
해주세요."

# 판단의 안경을
## 벗고

"엄마! 이것 좀 보세요!"
큰아들이 유치원에 다닐 때였습니다. 자신감이 넘치는
목소리에 고개를 돌려보니 아들이 서랍장과 장롱 사이에
하얀 철사 옷걸이들을 연결해 무엇인가를 만들어놓았습니다.

하지만 제 표정은 굳어버렸지요. 여기저기 늘어놓은
옷걸이들로 놀이 공간이 된 방 치우기는 제 일거리였으니까요.
장난감도 많은데 굳이 옷걸이로 무언가를 만든 어린 아들의
창의력에 칭찬보다는 한숨이 먼저 나왔습니다.

그날 아이들을 데리고 야외 미술관을 찾았다가 한 해외 유명

작가의 작품을 보고 깜짝 놀랐습니다. 아들이 조금 전에 만든 것과 형태가 거의 같았기 때문이지요.

만약 이 작가의 작품을 먼저 보았다면 톡톡 튀는 아들의 아이디어를 칭찬했을 거예요. 미술을 전공한 엄마인데도 짧은 생각으로 아이를 판단하고 한계를 정한 모습이 참 부끄러운 순간이었어요.

아들뿐만 아니라 타인에게도 제 편의를 중심으로 판단하여 옳고 그름을 이야기하지는 않았는지 돌아보는 계기가 되었습니다.

저는 좋아하는 색과 싫어하는 색이 분명합니다. 좋아하고 싫어하는 사람의 유형도 분명한 편이에요. 좋아하는 사람에게는 친절하게 대하며 그의 말에 반응도 잘하지만, 왠지 마음이 가지 않는 사람 앞에서는 무관심하며 무표정하게 대했던 거 같아요.

그러는 사이 상대가 가진 많은 장점을 놓치곤 했지요. 내 생각의 테두리 안에서만 판단하고 결정하다 우물 안

개구리가 된 건 아닌지 생각해보게 됩니다. 이제는 친하지
않고 낯설다는 이유로 마음을 열지 않았던 실수를 되풀이하지
않으려고 합니다.

개성이 강하고 창의적인 사람들은 한 번에 이해가 안 되는
경우가 있으니까요. 편견의 안경을 벗고 모두를 사랑하며
더 넓은 세상을 보며 살고 싶습니다. 그것이 우리 모두를
공평하게 사랑하시는 하나님의 뜻일 테니까요.

주께서 나를 판단하시며 주의 눈으로 공평함을 살피소서

시 17:2

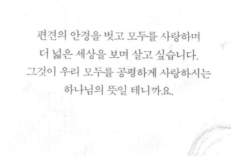

편견의 안경을 벗고 모두를 사랑하며
더 넓은 세상을 보며 살고 싶습니다.
그것이 우리 모두를 공평하게 사랑하시는
하나님의 뜻일 테니까요.

축복 렌즈

성경에서 예배자 다윗이 자기의 백성과 가족에게 축복하는
모습을 보고(삼하 6:18,20) 제 아이들이 어렸을 때 저도 매일
해주던 기도가 생각났어요.

"하나님께서 주신 사랑하는 두 아들 영성이, 영윤이에게
은혜와 평강, 힘과 보호, 건강과 치유, 거룩과 경건, 풍요와
번성, 성령의 모든 열매로 복 주시기를 원합니다."

그때는 복이 순탄한 인생에 주어지는 단어라고 생각했었어요.
인생의 굴곡과 슬픔, 고난과 시련 같은 시간도 복이 될
거라고는 생각하지 못했습니다.

집안 살림이 어려워지자 고등학생인 큰아들이 스스로 용돈을 벌겠다며 방과 후에 식당에서 아르바이트를 하기 시작했어요. 대학생이 되어서는 휴학계를 내고 광고 회사 인턴으로 일하기도 했습니다.

시련을 통해 큰아들이 가족을 배려하며 단단하게 성장하는 걸 지켜보면서 시련이 복의 또 다른 이름임을 알았고, "고난은 변장된 축복"이라는 말도 이해했습니다.

사진작가인 한 후배는 여행 가거나 종일 사진을 찍어야 하는 경우에 렌즈를 여러 개 갖고 다니는 게 힘들다고 했습니다. 무게도 만만치 않은 데다 날씨나 상황에 따라 렌즈를 바꾸며 사진을 찍기가 쉽지 않기 때문이지요.

그런데 어떤 상황에서 사용해도 만족할 만한 사진을 만드는 렌즈가 있다고 합니다. 그래서 그것을 '축복 렌즈'라고 부른다고 해요.

당신의 삶에 갑자기 툭 던져진 고난에 당황하고 있나요? 욥이 경험한 이유 모를 고통 때문에 좌절하고 있나요?

삶에 갑자기 찾아오는 질병과 사람의 문제, 직장생활의
어려움과 시련의 상황을 '감사'라는 축복 렌즈로 바라보면
어떨까요? 하나님께서는 모든 상황이 감사로 바뀌는 기적을
우리에게 반드시 주시니까요.

하나님은 당신을 절대 홀로 두지 않으시고 그분의 손바닥에
우리의 이름을 새길 만큼 끝까지 우리를 사랑하십니다.

내가 너를 내 손바닥에 새겼고 너의 성벽이 항상 내 앞에 있나니
사 49:16

어떤 상황에서 사용해도 만족할 만한
사진을 만드는 렌즈가 있다고 합니다.
그래서 그것을 '축복 렌즈'라고 부른다고 해요.

# 체온이 담긴
## 편지

손편지를 써본 기억이 언제인가요? 요즘은 메일이나 메신저를
많이 써서 손글씨 편지를 잘 쓰지 않습니다. 하지만 저는
어릴 적부터 직접 쓰는 걸 좋아해 지금도 종종 쓴답니다.
글자가 꼬물거리는 듯한 손편지에는 온기가 느껴져요.

작은아들이 초등학교 1학년 때 친구에게서 편지를
받아왔습니다. 그 편지에는 칭찬이 가득 담겨있었지요.

"영윤아! 안녕? 넌 그림을 잘 그려. 색칠도 잘하고 오리기도
척척 잘해. 글씨도 잘 쓰고 발표 시간에 발표를 척척 잘해. 참
귀엽고 멋져. 그래서 난 네가 좋아."

큰아들이 편지를 보고 "엄마! 이 친구가 영윤이를 짝사랑하나 봐!"라고 했더니 작은아들이 "짝사랑 맞아요. 그 친구가 내 짝꿍이에요"라고 말했어요. 어린 아들은 짝을 사랑하는 게 짝사랑인 줄 알고 있었던 거예요.

생각해보면 하나님께서 우리를 짝사랑하시는 듯해요. 그래서 매일 우리에게 편지를 보내시는데, 우리는 바쁘다는 이유로 그 편지를 열어보지도 않을 때가 많습니다.

또 우리를 하나님의 영으로 쓴 '그리스도의 편지'라고 하셨는데, 우리 삶은 그에 못 미치는 부끄러움투성이일 때가 많아요.

한 번은 흔들리는 저를 꽉 잡아주는 큰 손과 같은 편지를 받았어요. 텅 빈 아파트 우편함에 꽂혀있던 낯선 핑크빛 편지 봉투에 동글동글 장난스러운 손글씨가 쓰여있었습니다.

저는 두근거리는 가슴을 달래며 봉투를 급히 열었습니다. 노란 별 그림 아래 짧은 글이 한 줄 쓰여있었지요.

"하나님은 너를 사랑해.
그리고 나는 널 믿어."

"널 믿어!"

갑자기 눈물이 왈칵 쏟아졌어요. 보이지 않는 곳에서 저를 응원해주는 사랑을 느꼈습니다. 지금도 마음이 지치고 힘들 때면 가끔 그 편지를 꺼내어 읽어봅니다.

긴 설명이 없어도 나를 믿어주는 단 한 사람이 있다는 건 정말 놀라운 위로와 용기를 주었습니다. 그래서 저도 그림을 통해 전합니다.

"하나님은 너를 사랑해. 그리고 나는 널 믿어."

# 부메랑이 되는
## 소리

혼자 일하는 시간이 많아서 사람도 만나고 스트레스도 풀 겸 작업실에서 가까운 드럼 학원에 다니기 시작했습니다. 드럼이 박자를 중심으로 연주하기에 쉬운 악기라고 생각했는데 손과 발로 박자를 나누는 많은 훈련이 필요했어요. 강사가 악기를 소개하며 말했습니다.

"서양에서는 악기에 성별을 넣어 구분하는데 기타와 피아노는 남성, 아이러니하게도 덩치 큰 드럼이 여성이라고 합니다. 드럼은 치는 사람에 따라 다른 소리를 내기 때문이죠."

그런데 생각해보니 사람도 상대에 따라 다른 소리를 내는 것

같아요. 상대가 보여주는 태도에 따라 우리의 대답도
달라지곤 하니까요.

그렇게 보면 지금 우리가 누군가에게 듣는 이야기는 우리
자신이 만들어낸 소리가 아닐까요? 누군가에게 들었던
"사랑해", "고마워"라는 말은 우리가 나누어준 사랑의
부메랑일 테니까요.

그림을 그려 전시회를 하고, 동화를 써서 독자들에게
메시지를 전하면서 제 생각이 많이 달라졌어요. 사랑은
뿌린 만큼 돌아오고, 제 사랑을 받은 독자들이 또 누군가에게
사랑을 전한다는 사실을 알았거든요.

그래서 그림에 제 마음의 소리를 담으려고 노력합니다.
연주자에 따라 다른 소리를 내는 드럼처럼 저 자신이
하나님께서 연주하시는 악기가 되고 싶어요.

그래서 무심코 지나치던 일상을 보면서도 "감사합니다"라는
고백을 자주 합니다.

책상에 드리워진 아침 햇살.
집 안에서 들리는 아이들의 웃음소리.
할머니께 물려받은 나비 목걸이.
보글보글 끓여낸 찌개.
산책 때 만난 작은 솔방울.

이 모든 것이 제게 기쁨이고 감사가 되었지요.

당신의 입술엔 어떤 말들이 달려있나요? 보석을 꿴
목걸이처럼 감사의 목소리가 달려있나요, 아니면 서로의
부족한 면만 바라보며 불평하는 불편한 말들이 달려있나요?

우리가 하나님의 손에 잡힌 악기가 되면 분명 아름다운
소리를 통해 멋진 하모니로 이렇게 연주할 거예요.

"하나님, 감사해요! 하나님, 사랑합니다!"

지금 우리가 누군가에게 듣는 이야기는
우리 자신이 만들어낸 소리가 아닐까요?
누군가에게 들었던
"사랑해", "고마워"라는 말은
우리가 나누어준 사랑의 부메랑일 테니까요.

뜨거운
관심

"엄마, 선물이에요!"
일본 여행을 다녀온 큰아들이 캐릭터 인형을 주었어요.
동생에게는 코카콜라를 선물했지요. 우리에게는 정말 의미 있고
고마운 선물이었습니다. 저는 작고 아기자기한 귀여운 캐릭터
상품을 엄청 좋아하고, 작은아들은 코카콜라 디자인을
수집하고 있거든요.

큰아들은 우리가 무엇을 좋아하는지 알고 있기에 화려하고
비싼 선물보다 각자에게 꼭 맞는 선물을 주었습니다.

동화책을 만들고 싶어 하는 한 분이 "임 작가는 동심 작가이니

이러이러한 스토리와 그림으로 작업하면 좋겠습니다"라고
말했어요.

"저를 어떻게 그렇게 잘 아세요?"라고 물었더니 그분이
"인터넷을 통해 작가님에 대한 자료를 찾아 충분히 알아보고
왔습니다. 자세히 관찰하면 보입니다"라고 말했습니다.

상대를 보는 만큼 알게 되고, 아는 만큼 배려할 수 있기에
상대를 안다는 건 서로를 친밀하고 행복하게 만들어주는
큰 자산이라고 생각합니다.

집에서 키우는 식물도 종류에 따라 필요한 관심과 성장 조건이
다 다릅니다. 텔레비전 아래 작은 선인장은 한 달에 한 번만
물을 주면 되고, 거실에 있는 월마 세 쌍둥이는 일주일에 한 번
충분히 물을 주어야 합니다.

사람도 마찬가지겠지요. 어떤 식물에는 열심히 물을 주는 게
독이 될 수 있는 것처럼 상대를 잘 모르고 주는 관심은
때로는 기쁨보다 해가 될 수도 있습니다.

지금 당신 곁에 있는 사람이
어떤 걸 좋아하고 싫어하는지 알고 있나요?

가족은 오랜 시간 동안 크고 작은 경험을 통해 서로를 알아갑니다. 오랜 친구가 좋은 이유도 많은 대화를 통해 서로를 이해하고 아끼기 때문일 거예요.

지금 당신 곁에 있는 사람이 어떤 걸 좋아하고 싫어하는지 알고 있나요? 어떨 때 기뻐하고 상처받는지, 무엇에 관심이 있는지 이해하나요?

조금만 더 관심을 갖고 다가가면 우리가 만나는 모든 사람과 소통이 잘 되는 친구가 될 수 있을 거예요.

"우리의 마음을 먼저 보시는 하나님, 완벽하지 않아도 주님의 마음을 닮아 최선을 다하는 삶을 올려드리게 해주세요. 아멘."

이해하려는

마음

늘 혼자 작업하는 제게 친구가 반려동물을 키워보라고
했습니다. 저는 처음엔 고개를 절레절레 흔들었어요. 바쁘기도
하고 제 몸 하나 보살피기도 벅차서 키울 여유가 없다고
생각했지요.

그런데 교회 담임목사님이 탯줄이 끊기지 않은 채 기지도
못하는 새끼 길고양이를 데려다 건강하게 키우는 걸 보면서
생각을 바꿨습니다.

어느 날, 지인의 SNS를 통해 유기된 새끼 고양이를
입양했어요. 제 손바닥 안에 다 들어올 정도로 너무나 작고

연약한 고양이였지요. 노란 고양이를 주님의 은혜를 담아
'노아'라고 불렀습니다. 제가 면역이 약해서 한 달간
고양이 털 알레르기로 고생하기도 했지만, 작은 생명이
우리 가족에게 주는 기쁨은 정말 말할 수 없이 컸습니다.

두 발로 꾹꾹 누르기도 하고 배를 보이며 발라당 눕기도 하고
다리에 머리를 비비며 '그르렁' 소리를 내기도 합니다.
제가 집으로 돌아오면 현관 중문까지 나와 바라보았습니다.

하지만 노아가 애교만 부린 건 아닙니다. 새로 산 하얀 소파와
제가 아끼는 흰 가죽 의자를 발톱으로 긁어놓기도 했지요.
막 이사 온 새집의 실크 벽지도 뜯어놓았습니다.

그렇게 고양이의 습성과 본능을 점점 이해하게 되었어요.
고양이가 제게 맞춰주길 바라는 마음이 고양이에게
맞춰줘야겠다는 생각으로 바뀌었습니다.

며칠 전 한 후배가 친구의 비상식적인 행동으로 화가 많이
난다고 했습니다. 저는 후배에게 말했어요.

"네가 바라는 상식적인 행동은 네 기대일 수 있어. 하지만
그에겐 그게 상식이니까 그렇게밖에 못한 걸 거야.
나도 내 틀에서 사람들을 해석할 때가 있었는데 지금은
이해하려 애쓰지 않고 그냥 '저 사람은 저렇구나' 하고
받아들이며 살고 있거든."

가족이나 공동체 안에도 내 마음을 어렵게 하는 사람이
있습니다. 그를 용서하고 이해하는 게 결코 쉬운 건 아니에요.
그러나 같이 공격하고 대립한다고 해서 상황이 더 좋아지지
않는다면 그에게 한 번쯤 맞춰주면서 이해해보는 건 어떨까요?

졸리면 자고 배고프면 갑자기 와서 친한 척하고, 여전히
소파를 발톱으로 박박 긁어놓는 고양이를 이해하듯이
말이에요.

누가 누구에게 불만이 있거든 서로 용납하여 피차 용서하되
주께서 너희를 용서하신 것같이 너희도 그리하고
골 3:13

갈등 해결의
열쇠

칡과 등나무가 서로 복잡하게 뒤엉켜있는 걸
'갈등'(葛藤)이라고 합니다. 과거에 저는 가족들과 이처럼 얽혀
끝없는 불통으로 숨쉬기조차 힘든 시간을 보냈어요.

표면적으로는 아무 문제가 없어 보이는 관계였으나 소통이
되지 않는 고통은 참으로 컸습니다. 가까운 인간관계에서는 늘
갈등이 있을 수밖에 없어요. 인격의 문제라기보다
소통 방식이나 관점, 문화의 차이 때문일 수 있습니다.

그 결과 갈등이 쌓여 불만이 되었고, 또 상대를 향한 원망과
비판으로 이어졌습니다. 그런 불편한 문제를 해결하고 싶어서

목사님과 심리치료사를 찾아 조언을 구했습니다. 그들은
문제가 무엇인지, 왜 그런 문제와 갈등이 일어났는지
사실관계를 따지기보다는 서로의 감정과 좌절된 욕구에
주목하라고 했습니다.

문제를 만든 사람을 비판하지 말고, 자신의 실수나 잘못일
경우 반성하고 구체적으로 사과하라고 했습니다. 그리고
상대에게 잘못을 시인하게 하거나 사과를 강요하지 말라고
했지요.

그런 후에 해결법을 찾아보라고 했습니다. 서로 사과하고
용서하며 행동으로 보여주는 것만이 갈등을 풀기 위한
방법이라고 했지요. 문제가 문제임을 안다면 이미 회복이
시작된 거라고 설명하며 '나는 문제가 없다'라고
생각할 때가 정말 큰 문제라고 했습니다.

한 권사님은 갈등의 순간에 아브람과 롯의 땅 이야기를
기억하라고 조언해주었습니다.

" '내 목자나 네 목자나 서로 다투게 하지 말자 네가 좌하면

나는 우하고 네가 우하면 나는 좌하리라'(창 13:8,9)라는 말씀을
꼭 기억하고 문제를 해결해보세요."

많은 조언을 듣고 기도한 후에 불통과 고통을 소통으로
바꾸기 위해서는 서로가 회복을 간절하게 원하고 구체적으로
노력해야 한다고 생각했습니다.

칡과 등나무는 갈등을 만드나 뿌리가 다른 두 나무가 서로
붙어 서 있는 연리지는 화목한 부부를 상징하는 사랑나무로
불리기도 하니까요.

"하나님! 다른 가지들이 한 몸 되어 더 강한 느티나무로
자라듯이 우리의 상처와 갈등들이 만났을 때 밀어내지 않고
안아주어 비바람에 강해지는 더 큰 가지가 되고
더 큰 그늘이 되게 도와주세요."

모든 것이 하나님께로서 났으며 그가 그리스도로 말미암아 우리를
자기와 화목하게 하시고 또 우리에게 화목하게 하는 직분을 주셨으니
고후 5:18

# 거울 같은
# 멘토

그림을 처음 그려보는 사람은 흔히 자신의 모습과 비슷하게
그리는 경향이 있어요. 미대 학생들도 첫 누드 드로잉 수업 시간에
모델이 있음에도 자기 몸매와 비슷하게 그려내곤 하지요.
주관적 그림은 관찰과 많은 연습을 거치면서 객관적 그림으로
발전합니다.

내 모습을 객관적으로 냉정하게 보기는 힘들어요. 10년 전에
저도 그림과 글로 세상과 소통하고 싶었는데 제 능력이 어느
수준인지 잘 몰랐습니다.

그래서 제 그림을 객관적으로 평가받기 위해 멘토를 찾았지요.

글쓰기 공부도 시작했습니다. 그림은 너무 좋아해서
종일 그렸지만, 글은 머릿속에 떠오르는 이야기를 문장으로
풀어내기가 어려웠거든요. 부지런히 책을 읽으며
연구했습니다.

또 호기심 많은 어린아이처럼 좋은 글과 신선한 표현은 따로
메모해두고, 글쓰기 첨삭 지도도 받으며 쓰기를 반복했어요.
그러면서 목표와 꿈을 위해 많은 시간과 연구가 필요함을
알았습니다.

제 모습을 거울처럼 비춰줄 멘토가 얼마나 중요한지
실감했어요. 지금의 제가 되기까지 많은 멘토가 있었습니다.
그들을 통해 저는 분명히 성숙해지고 깊어졌을 거예요.

어쩌면 그들은 우리에게 오신 하나님의 여러 모습일지도
모릅니다. 사람들뿐 아니라 하나님께서는 친히 지금 당신이
하는 일과 새로운 도전을 통해 길을 여시고 거울이
되어주십니다.

당신도 아름답게 빛나기를 바라는 누군가에게 위로자, 협력자,

당신도 아름답게 빛나기를 바라는 누군가에게
위로자, 협력자, 멘토, 친구가 될 수 있습니다.

멘토, 친구가 될 수 있습니다. 우리가 함께할 때 세상이 더 아름다워질 테니까요.

할 수 있거든 너희로서는 모든 사람과 더불어 화목하라

롬 12:18

아름다운
손

머리에 하얀 꽃이 가득 핀 할머니가 되어서도 하나님께
꼭 드리고 싶은 게 있다면 바로 그림 그리는 손과 기도하는
손이에요. 삶의 흔적을 고스란히 담은 뒤러의 유명한 작품
〈기도하는 손〉처럼 말입니다.

이 그림에는 뒤러와 프란츠, 두 친구의 이야기가 담겨있어요.
1490년대 젊은 화가였던 그들은 무척 가난했기에 일과
그림을 병행할 수 없었어요. 그래서 번갈아 일하며 서로의
그림 공부를 지원하기로 했죠.

먼저 프란츠가 친구의 학비를 마련했고, 뒤러는 유명한 화가

밑에서 그림을 배워 널리 알려진 화가가 되었습니다. 이어서 뒤러가 프란츠를 미술학교에 보내려고 했지만, 프란츠는 오랜 시간 험한 육체노동을 한 탓에 손이 굳어 더는 그림을 그릴 수가 없었어요. 그는 마음이 아팠으나 화가의 꿈을 포기해야만 했습니다.

그러던 어느 날, 뒤러는 프란츠가 무릎 꿇고 두 손 모아 기도하는 모습을 보았습니다.

"주님! 제 손은 굳어 더는 그림을 그리지 못하게 되었지만, 뒤러가 제가 할 몫까지 주님의 영광을 위해 아름다운 그림을 그릴 수 있게 하소서!"

뒤러는 복받치는 감정을 억누르며 친구의 기도하는 그 손을 연필로 정성스럽게 스케치했습니다. 손가락 마디마다 상처투성이였으나 자신을 위해 희생하고 기도했던 손은 세계에서 가장 아름다운 작품이 되었습니다.

제게도 프란츠의 손처럼 아름다운 손이 있습니다. 고무장갑을 끼고 화장실을 청소하던 교회 장로님과 권사님들의 손입니다.

낮은 자리에서 섬기는 어르신들의 모습에서 신앙과 인격의
깊이를 느낄 수 있었어요. 사랑하는 마음에 섬김이 더해진
헌신의 손을 보면서 저도 세월이 흘렀을 때 그런 손이 되기를
기도드립니다.

"일하는 손과 기도하는 손, 하나님께서 우리에게 주신
두 손이 아름답게 사용되며 그 손으로 행한 일들이 풍성한
열매로 맺히게 하소서."

"일하는 손과 기도하는 손,
하나님께서 우리에게 주신 두 손이 아름답게 사용되며
그 손으로 행한 일들이 풍성한 열매로 맺히게 하소서."

안식과
일

저는 아침에 눈을 뜨면 '하루를 또 선물로 받았구나'라고
생각합니다. 누구에게나 공평하게 24시간이 주어지지만 암
투병을 한 이후에는 하루라는 시간이 돈으로도 살 수 없는
기적이며 살아있는 증거임을 실감해요.

성경 공부 모임에 참석했을 때였습니다. 일주일의 생활을
한 단어로 표현해보라는 목사님 말씀에 "분주함"이라고
답했어요. 여러 역할을 하느라 숨 쉴 틈 없이 바쁘게
움직였거든요.

삶이 바쁠수록 하나님 앞에 머무는 시간이 더욱 필요하다는

걸 알면서도 일에 집중하느라 늘 새벽에 잠을 청하곤
했습니다. 그러던 어느 날, 저를 잘 아는 한 선생님으로부터
메일을 받았어요. 바쁜 건 감사한 일이나 쉼 없는 분주함으로
마음과 얼굴에 기쁨이 사라지면 안 된다고 하셨지요.

"내가 지금 뭐 하는 거지?", "나 잘 살고 있는 거 맞아?",
"이런 일에 내 평생을 바쳤나?", "남은 게 뭐야?", "그때
그게 기쁨이었던가?" 하는 공허함으로 탈진하는 순간이
올 수 있다고요. 열심히 사는 것도 중요하지만, 안식을 통해
하나님과 함께 누리는 기쁨이 더 중요하니 매일 그렇게 되길
기도하라고 하셨지요.

하나님도 천지를 창조한 후 안식일에 쉬셨습니다. 기타나
바이올린, 피아노, 첼로 등의 악기도 평상시에는 줄을
느슨하게 풀어놓아야 연주할 때 팽팽히 조율한 선이 제대로
소리 낸다고 합니다.

그 메일을 읽은 뒤 칼도 가끔 갈아줘야 날이 잘 서듯이 나를
담금질하는 시간이 필요함을 깨달았어요. 생각해보니
해도 해도 끝이 없는 일들로 피곤함에 지쳐서 마음과 정성을

다해 사람들을 대하지 못했습니다. 하나님께서 주시는
기쁨과 평안을 놓치지 않았는지도 돌아보게 되었지요.

해야 할 일의 우선순위를 지혜롭게 정리해 늦어지더라도
일의 의미를 먼저 생각하고, 목표보다는 목적에 맞추어
내 안에 기쁨을 놓치지 않기로 했습니다.

누가복음 10장 40절에 나타난 마르다처럼 열매 없는
분주함이 아닌 하나님과 깊은 교제를 통해 안식을 누리며
풍성한 열매 맺는 우리가 되기를 기도합니다.

그런즉 너희가 어떻게 행할지를 자세히 주의하여
지혜 없는 자같이 하지 말고 오직 지혜 있는 자같이 하여
세월을 아끼라 때가 악하니라
엡 5:15,16

함께여서
행복한 이름

가족만큼 우리에게 행복을 주는 존재는 없습니다. 제 외가
친척들은 SNS를 통해 서로를 늘 격려하며 응원합니다.
소소한 일상을 나누다가 만나면 얼마나 친밀하게 느껴지는지
모릅니다.

올해 초, 화기애애한 신년 모임을 가졌습니다. 삼촌의 기도로
시작해서 어르신들의 덕담이 이어졌지요. 식사 후에는 꼬마
조카들의 장기 자랑에 모두 박수하며 웃었습니다.

함께하면 행복한 가족과 친척 덕분에 저는 가족을 모델로
삼아 그릴 때가 많아요. 구름 그네를 타며 활짝 웃고, 초록

자연을 배경으로 함께 4인 자전거를 타는 가족의 모습을
그리기도 해요.

최근에는 붓을 들고 함께 하트를 그리는 모습을 그렸습니다.
생각지도 못한 깜짝 선물을 받고 너무나 고마운 마음을
그린 거예요.

제가 매년 똑같은 겨울 외투를 입자 두 아들이 아르바이트를
해서 예쁜 핑크색 옷을 선물해주었습니다. 외투의 부드럽고
따스한 털만큼이나 아들들의 사랑의 온기가 느껴졌습니다.

항상 가까운 곳에서 아무 조건 없이 나를 살펴주고 내 편이
되어주는 소중한 가족은 함께 사랑을 나누고 격려하는
공동체임을 경험합니다.

모두에게 그런 가족이나 친구가 있을 거예요. 그들에게
고맙다는 말, 행복하다는 말 한마디 전하면 어떨까요?

"함께해줘서 고마워. 그리고 함께여서 행복해."

성품의
꽃

따뜻한 바람 사이로 조금씩 꽃봉오리가 고개를 내밀고 있던
어느 날, 작업 관련 미팅을 위해 카페에 갔습니다.
부끄러운 듯 몸을 오므렸다가 물 위에서 다시 한번 피어나는
꽃차를 눈으로 감상하며 코로 향기를 맡으며 기다리는데
〈G 선상의 아리아〉가 흘러나왔어요. 음악의 아버지로 불리는
요한 세바스찬 바흐의 곡이에요.

많은 사람이 좋아하는 그의 곡은 숨이 멎을 정도로 아름답고
엄청난 에너지를 품고 있다고 합니다. 그는 제가 처음 그림을
그리기 시작할 때부터 롤모델이기도 해요.

사람들은 바흐의 작곡 능력을 보고 위대하다고 하지만, 저는
그가 날마다 주어진 일에 최선을 다한 '착한 종'이었다는 데
깊이 감동했습니다.

바흐는 성 토마스 교회에서 27년 동안 어떤 대단한 걸
추구하기보다는 그저 매 주일을 열심히 준비하며 살았다고
합니다. 그리고 자신이 지은 수많은 작품의 첫 부분에
라틴어 이니셜로 "도우시는 예수(Jesus Help)", 끝부분에는
"오직 하나님께 영광을(To God Alone Be Glory)"이라고
썼다고 해요.

하나님께서는 그가 매일의 삶을 통해 올려드린 것을
아름다운 음악으로 꽃피워주셨습니다. 그 음악은 누군가에게
빛과 희망을 주고, 삶을 변화시켰습니다.

저도 크고 대단한 일로 영향력을 인정받기보다 날마다
주어진 일에 최선을 다하고 싶어요. 선한 예술가인 무릎 양으로
살아가기를 소원할 때, 제 그림에도 꽃이 피어 하나님의
향기를 전하리라 믿으니까요.

이처럼 우리 모두 '도우시는 예수'로 하루를 시작하고,
'오직 하나님께 영광을'로 마치는 인생이 되면 좋겠습니다.
그리고 밖으로 보이는 능력이나 사역의 꽃도 중요하지만,
무엇보다 성품의 꽃이 활짝 피기를 기도합니다.

예수님이 열두 제자를 자신의 성품을 닮은 사람으로 키우셨듯
하나님의 자녀인 우리도 그분의 성품을 닮은 아름다운 꽃으로
피어나길 바랍니다. 그렇지 않으면 꽃의 빛이 아무리 고와도
향기 없는 조화(造花)에 불과할 테니까요.

모란꽃은 크고 화려하지만 향기가 없어 벌 한 마리, 나비
하나가 날아들지 않으나, 가냘프게 보이는 난초의 향기는
십 리까지 전해진다고 합니다.

우리에게 주어진 작은 일에 최선을 다한다면 하나님의 성품이
꽃피어 그 향기가 우리 주변을 가득 채울 것입니다. 바람에
묻어오는 향기에 행복해하며 평화롭게 춤추는 나비들이
가득한 꽃밭 풍경처럼 우리가 하나님을 닮은 성품의 꽃들로
활짝 피어 향기 가득한 정원을 만들기를 소원합니다.

그러므로 너희가 더욱 힘써 너희 믿음에 덕을, 덕에 지식을,

지식에 절제를, 절제에 인내를, 인내에 경건을, 경건에 형제 우애를,

형제 우애에 사랑을 더하라 이런 것이 너희에게 있어 흡족한즉

너희로 우리 주 예수 그리스도를 알기에 게으르지 않고

열매 없는 자가 되지 않게 하려니와

벧후 1:5-8

한국을 사랑한
푸른 눈의 이방인

햇살이 눈부신 봄날, 양화진 동산을 찾았습니다. 5백여 명의
푸른 눈을 가진 이방인 선교사와 교육자들이 잠든 곳이지요.

미국인으로 태어났으나 누구보다 한국을 사랑해 독립운동,
교육, 선교 등으로 섬기다 순교한 분들입니다. 베델, 아펜젤러,
헐버트, 언더우드 선교사처럼 익히 아는 이들의 묘지도 있었고,
풍토병으로 생명을 잃은 한 살 미만 아기들의 이름 없는
묘지도 보았습니다.

그들은 동쪽 끝 가난과 절망의 땅에서 익숙한 옷을 벗고 평생
입어보지도 못한 옷을 입었습니다. 눈물의 씨앗을 심으며

한국을 위해 살다간 이들은 왜 이 땅에 흙으로라도 남기를
원했을까요? 그들은 바울에게 보이신 마게도냐 사람의
환상(행 16:9)처럼 "가서 도우라"라는 하나님 음성에
순종해 열악한 환경도 마다하지 않았을 것입니다.
삶으로 사랑을 보여준 그들을 보면 제가 지금 누리는 복음과
삶이 얼마나 위대한지 새삼 깨닫습니다.

제게 특별히 도전을 준 메리 스크랜튼 부인은 우리나라 여성
교육과 복지를 위해 헌신한 분입니다. 그녀는 40세에 남편을
잃고 홀로 아들을 키웠죠. 그리고 의사가 된 아들을 설득해
함께 한국에 왔습니다. 자신의 작은 집에서 학당을 열어
거리의 버려진 고아들과 가난하고 천대받는 여성들을 데려다
열정적으로 가르쳤어요.

54세에 한국에 와서 78세에 소천한 그녀는 자신의 삶을
"희생이 아닌 특혜이며 고난이 아닌 분에 넘치는 명예"라고
했습니다. 떠오르는 태양뿐 아니라 붉은 노을을 그리며 지는
해도 아름답다는 걸 보여주었지요. 그녀는 경계심 가득한
한국인에게 겸손하고 정직한 분으로 기억에 남았습니다.

지금 처한 상황과 현실이 힘들어도
당신의 소명과 사명을 꺾지 않기를 기도합니다.

저 역시 한 부모 가정을 지키는 엄마이기에 어린아이와 혼자
아이를 키우는 엄마들에게 특별히 마음이 쓰입니다. 이런
엄마들을 무책임하고 철없다고 생각하는 사람들도 있어요.

하지만 차가운 세상의 시선과 편견에도 불구하고
어린 생명을 버리지 않고 '엄마'라는 길을 기꺼이 선택한
그들을 응원합니다. 경제적 어려움과 사회적 고립을 이겨내는
용기와 책임감을 말입니다.

지금 처한 상황과 현실이 힘들어도 당신의 소명과 사명을
꺾지 않기를 기도합니다. 스크랜튼 부인의 묘비 위에,
미혼모로 살아가는 지체들 가슴 위에 고운 꽃 한 송이를
올려놓습니다.

네 생각에는 이 세 사람 중에 누가 강도 만난 자의 이웃이 되겠느냐
이르되 자비를 베푼 자니이다 예수께서 이르시되
가서 너도 이와 같이 하라 하시니라

눅 10:36,37

저를
사랑해주세요

당신은 어떤 꽃을 좋아하세요? 저는 크고 화려한 꽃보다
소박하게 피어나는 작은 들꽃을 좋아합니다. 특히 시멘트로
뒤덮인 도시의 길가 틈새에 피어난 민들레를 보면 얼마나
신기하고 사랑스러운지요.

때가 되면 민들레는 홀씨가 되어 바람을 타고 먼 곳으로 훨훨
날아갑니다. 척박한 환경을 만나도 적응하여 다시 꽃으로
피어나지요.

민들레를 보면서 때때로 만나는 인생의 메마른 땅에서도
포기하지 말아야겠다고 생각해요. 민들레 꽃말처럼

'감사하는 마음'을 품고 말입니다.

'사랑해주세요'라는 꽃말을 가진 꽃도 있어요. 아프리카의 깊은 밀림에 서식하는 '유추프라카치아'입니다. 공기 중의 소량의 물과 햇빛으로 사는 이 꽃은 아프리카 말로 '사람의 영혼을 가진 식물'이라는 뜻이래요.

생소하고 어려운 이름의 이 꽃은, 몹시 예민해서 조금이라도 건드리면 금방 시들어버립니다. 그런데 한 번 만진 사람이 계속 애정을 가지고 만져주면 죽지 않고 살아간답니다.

누군가의 지속적인 관심과 애정으로 사는 이 꽃의 모습이 어린아이처럼 늘 사랑받기만을 원하는 우리 모습과 닮은 듯합니다. 유추프라카치아 꽃이 제 마음을 두드립니다.

'내 사랑의 손길이 필요한 유추프라카치아는 누구일까?'

그들에게 그림을 통해 하나님의 사랑이 전해지기를 바라며 계속 그림을 그립니다. 그림을 통해 상처받은 마음에 웃음꽃이 활짝 피기를 기도하면서요.

삶의 무게가 무거워진 세상이라고, 사랑이 사라진 세상이라고도
말합니다. 내 주변에 유추프라카치아 같은 사랑을 원하는
사람들이 너무나 많습니다. 우리를 통해 그들에게 무엇과도
비교할 수 없는 하나님의 사랑이 전해지길 바라봅니다.

"하나님! 소박하지만 꿋꿋하게 사람들을 감동시키는
민들레 같은 우리가 되게 해주세요."

"하나님! 소박하지만 꿋꿋하게 사람들을 감동시키는
민들레 같은 우리가 되게 해주세요."

# 심벌즈의
# 기다림처럼

오케스트라 공연을 관람한 적이 있습니다. 무대에서 백여 명이
연주하는 웅장한 곡을 들으니, 마치 조각 그림이 모여 하나의
큰 그림이 만들어지는 것 같은 감동을 느꼈어요.

저는 숨죽여 관악기, 현악기, 타악기 소리를 감상했어요.
그중 심벌즈 연주자를 보니 상대적으로 연주하기가 쉬워
보였습니다. 다른 악기 연주자들은 지휘자의 표정과
지휘봉을 보며 바쁘게 움직이는데 그는 내내 아무 일 없는 듯
앉아있다가 슬그머니 일어나 심벌즈를 한두 번 정도
칠 뿐이었으니까요.

그런데 한 클래식 강연을 듣고서 제 생각에 큰 파도가 일었습니다. 보통 악기의 경우, 많게는 8마디 정도 쉬는데 심벌즈는 100마디를 쉬었다가 연주하기에 더 어렵다고 합니다.

게다가 심벌즈 연주자는 트라이앵글, 탬버린, 캐스터네츠 등은 물론이고, 외국 민속 악기 50종 정도를 연주할 수 있을 만큼의 전문 지식과 경험이 풍부해야 한다고 합니다. 또 듣기 싫은 소리가 나기 쉬운 악기여서 구석구석 퍼지는 소리, 여운이 남는 소리, 차분하게 마무리되는 소리 등 섬세한 기술을 연습해야 한다고 해요.

유명한 작곡가 후고 볼프는 브루크너의 〈교향곡 제7번 마장조〉에서 울리는 한 번의 심벌즈 소리가 브람스 교향곡 네 곡을 모두 합친 것보다 더 가치 있다고 표현했다고 합니다.

다른 악기에 비해 존재 가치가 떨어지는 것처럼 보이던 심벌즈가 오케스트라에서 어떤 악기보다 중요한 가치가 있다는 게 놀라웠지요.

우리의 삶에서도 엑스트라처럼 존재감 없어 보이는 자리에서 묵묵히 준비하고 노력하는 태도가 귀함을 깨닫습니다. 여러 가지 타악기를 연습하며 쌓인 하루하루가 훗날 심벌즈를 멋지게 연주할 수 있는 자양분이 되는 것처럼요.

우리는 바쁜 일상에서 최선을 다해 살아갑니다. 그러나 지나친 열정으로 지치거나 기도가 나오지 않을 만큼 힘들 때도 있습니다. 그런데도 삶의 무게를 견디며 매 순간 즐겁게 살아야 할 이유가 있습니다.

성경은 천하만사가 다 때가 있다고 합니다(전 3:1). 그런데 저는 하나님의 때를 오래 참으며 기다리기보다는 '내가 원하는 때', '지금이나 최대한 빨리'를 원했어요. 빠른 게 항상 좋은 것만은 아닌데 말이지요.

태아는 엄마 뱃속에서 280일을 보내야 세상에 나올 수 있습니다. 그전에 나오면 '이른둥이'가 되지요. 꽃을 보기 위해서도 몇 달을 기다려야 하고, 사과 한 알을 얻기 위해서도 몇 년을 기다려야 합니다.

만약 인내의 시간을 거부하고 지름길을 찾는다면 깊이를
경험하지는 못할 거예요. 성숙한 크리스천에게는 '인내'라는
자양분이 꼭 필요합니다. 저는 가장 좋은 때(the best time)는
하나님의 때이며, 이는 오랜 기다림 후에 주어지는 선물임을
깨달았습니다.

비록 기다림이 길더라도 순간순간을 소중하고 감사하게
여기면 당신에게도 빛나고 아름다운 하나님의 놀라운 그때가
반드시 올 거예요.

하나님이 모든 것을 지으시되 때를 따라 아름답게 하셨고
또 사람들에게는 영원을 사모하는 마음을 주셨느니라
그러나 하나님이 하시는 일의 시종을 사람으로
측량할 수 없게 하셨도다
전 3:11

빛의
합창

"예술이란 작가의 특별한 관점에서 자연의 한구석을
보여주는 일이다"라는 말을 들었습니다. 저는 자연으로부터
가장 큰 영감을 받아 작업했다는 가우디의 작품인
'사그라다 파밀리아 성당'을 보기 위해 스페인의
바르셀로나를 찾았습니다.

가우디 최고의 역작으로 그의 영혼을 담아낸 건축물이라고
이야기하는 이 거대한 성당 외부에는 높이 치솟은 기둥들과
하나하나 심혈을 기울여 조각한 성경 속 이야기와 인물들이
끝없이 등장했어요. 규모나 디테일에서 말로 표현할 수 없는
작품들이 눈길을 사로잡았습니다.

성당 내부는 동화 속 건물처럼 화려하고 신비스러웠습니다.
신이 창조한 자연을 표현하려는 듯 천장은 꽃 모양으로,
기둥은 높게 뻗은 나무 모양의 숲으로 표현되어 있었지요.

무엇보다 형형색색의 스테인드글라스 창으로 뿜어내는 빛에
환호하며 감탄할 수밖에 없었습니다.

성당 공간을 가득 채우는 빛이 너무나 아름다워 경이롭게만
느껴졌어요. 마치 무지개가 파도를 치며 춤추는 듯 보였습니다.
해가 뜨고 질 때마다 다른 색을 낸다는 아름답고 찬란한
빛의 공간은 떠나기 싫을 정도였습니다.

유명하다는 유럽의 여러 성당 금장식과 흔한 프레스코화는
한 점도 없었지만 '사그라다 파밀리아 성당'의 빛의 아름다운
축제는 그보다도 수천 배는 아름다웠습니다.

그 풍경으로 인해 '하나님은 빛'이라는 말씀을 경험했습니다.
또 거대한 조형물이나 금은 장식처럼 거창한 것만이 아니라
마음에 울림을 주는 것이 진정한 예술 작품임을 알았지요.

하나님의 자녀로 빛이 된 우리가 삶을 통해 영롱한 빛을
한가득 담아 아름다운 빛의 축제를 만든다면 세상이 얼마나
아름다워질까요? 우리가 머무는 공동체와 교회, 세상이
우리의 빛으로 가득 비치기를 기도합니다.

이같이 너희 빛이 사람 앞에 비치게 하여 그들로 너희 착한 행실을
보고 하늘에 계신 너희 아버지께 영광을 돌리게 하라
마 5:16

너를 만나
**행복해**

# 너를 만나 행복해

| | |
|---|---|
| 초판 1쇄 발행 | 2019년 7월 1일 |
| 지은이 | 임선경 |
| 펴낸이 | 여진구 |
| 책임편집 | 김아진 권현아 |
| 편집 | 이영주 김윤향 최현수 안수경 |
| 책임디자인 | 마영애 노지현 조아라 조은혜 |
| 기획·홍보 | 김영하 |
| 마케팅 | 김상순 강성민 허병용 |
| 제작 | 조영석 정도봉 |

| | |
|---|---|
| 해외저작권 | 기은혜 |
| 마케팅지원 | 최영배 정나영 |
| 경영지원 | 김혜경 김경희 |

이슬비전도학교　최경식　　　　　　　　　303비전성경암송학교　박정숙
303비전장학회 & 303비전꿈나무장학회　여운학

펴낸곳　규장

주소　06770 서울시 서초구 매헌로 16길 20(양재2동) 규장선교센터
전화　02)578-0003　　팩스　02)578-7332
이메일　kyujang0691@gmail.com　　　　홈페이지　www.kyujang.com
페이스북　facebook.com/kyujangbook　　인스타그램　instagram.com/kyujang_com
카카오스토리　story.kakao.com/kyujangbook
등록일　1978.8.14. 제1-22

ⓒ 저자와의 협약 아래 인지는 생략되었습니다.
이 출판물은 저작권법에 의해 보호를 받는 저작물이므로 무단 전재와 무단 복제를 할 수 없습니다.

책값　뒤표지에 있습니다.
ISBN　978-89-6097-588-0　03230

## 규 | 장 | 수 | 칙

1. 기도로 기획하고 기도로 제작한다.
2. 오직 그리스도의 성품을 사모하는 독자가 원하고 필요로 하는 책만을 출판한다.
3. 한 활자 한 문장에 온 정성을 쏟는다.
4. 성실과 정확을 생명으로 삼고 일한다.
5. 긍정적이며 적극적인 신앙과 신행일치에의 안내자의 사명을 다한다.
6. 충고와 조언을 항상 감사로 경청한다.
7. 지상목표는 문서선교에 있다.

하나님을 사랑하는 자 곧 그의 뜻대로 부르심을 입은 자들에게는 모든 것이 合力하여 善을 이루느니라(롬 8:28)

규장은 문서를 통해 복음전파와 신앙교육에 주력하는 국제적 출판사들의
협의체인 복음주의출판협회(E.C.P.A:Evangelical Christian Publishers
Association)의 출판정신에 동참하는 회원(Associate Member)입니다.